# Normal Sucks

## How to Live, Learn and Thrive Outside the Lines

Jonathan Mooney

Lucent Books

# 不一樣又怎樣

## 你的正常才不是我的正常

強納森・穆尼——著
吳緯疆——譯

獻給貝琪，在經歷這些年之後依然是我的生命與摯愛；
少了你，一切均無可能，有了你，一切皆有可能；
當然也獻給我的兒子們，他們是最好的我。

有任何事物像一個正常人那麼奇怪嗎？……

放學後等著你，他們想知道……

你是否也正常

怎樣，你正常嗎？

——拱廊之火樂團，〈正常人〉

在意識邊緣某處，有一個我所謂的「迷思基準」，我們每個人心裡都知道，「那不是我。」

——奧菊．羅德，《局外人姊妹》

# 目次

# 第一章

# 不正常

正常是宣告而成的。（正常向來都是一種宣告。）

——阿蘭達蒂・洛伊，《極樂之邦》

如果我們能承認其實根本沒有所謂的「正常孩子」，那就會是一項進步：孩子有各不相同的能力與障礙，在發展各自的能力之際，他們全都需要個別關注。

——瑪莎・納思邦，《正義的界限》

兒子，

你們在不同時候都以不同方式問了我一個問題，我想原因各不相同。那正是我始終擔心、也知道你們終究會開口問我的問題。

老大，我清楚記得你問我的那一夜。當然了，因為你是老大，我也承認，比起你的幾個弟弟，我對你小時候那幾年（好吧，其實是你從小到大）的事情記憶比較完整。這是身為長子的許多倒楣事之一。你兒時的點點滴滴就像電影畫面，永遠烙印在我記憶裡。問我的那一夜，你五歲九個月大。（你始終要我記得那九個月。每當有人問我你多大，你都會從遊樂場、停車場或餐桌另一頭大聲糾正我，要我不能省略那幾個月。）

當時是就寢時間，我正在唸《奧茲的史卡拉智慧車》給你聽。那本書是我們在二手書店買的，不太好懂。雖然我是大人，有些字讀起來還是結結巴巴。你問我為什麼。那晚，我首度向你透露我有閱讀障礙，還有學習上遇到的困難。你的回應是：「爸，你正常嗎？」

我的二兒子，你在不同時間以不同方式問了我同樣的問題——但老實說，我已不記得究竟是在何時了。身為老二，你的許多第一次在我記憶中並不像你哥哥的那麼連貫，細節都模糊了。這跟帶兩個小孩讓我睡眠不足有關。

你到現在還保有一些習慣，像是一大早起床從頭到尾讀完《紐約時報》體育版，為了好玩而去解進階數學題，這些傾向都遺傳自你媽。不過，我倒是記得某天早上，你好像在大聲批評美國大學籃球賽的排名系統，而且評論水準不輸ＥＳＰＮ體育台。你突然停下來問我：「爸，什麼是正常？」

當然了，還有我的小兒子。你很幸運，我記得你的名字（真的，雖然我老是把你喊成你哥）以及你的生日（其實我不記得，但你媽記得，所以沒關係）。你的嗓音就像每天抽掉一包菸的七十歲老菸槍，個性搞笑。所以我記得你的一些瘋言瘋語，就像「如果沒有屁股，你就不能坐下。」還有最經典的，「雞跑得很快……但在自行車比賽中就不快了！」

我還清楚記得你問我關於正常的問題。那時我們在家附近的墨西哥餐廳吃晚餐，而且特意坐在吧台，這樣才能看電視裡的運動節目。你指著掛在座位上方三幅引人遐想——好吧，十分不像話——的女鬥牛士畫作（因為我們都知道最精彩的鬥牛應該脫光光！）。你在胸前比了幾個手勢。要不是你才六歲，長得又可愛，否則絕對會害我們被餐廳轟出去。「火箭奶！」你大喊，吧台邊的人有一半全都轉過頭來盯著我們。「那樣正常嗎？」你問道。我還來不及叫你安靜，你又補上一句：「媽咪的奶看起來怎麼不像那樣？」

什麼是正常？我正常嗎？你們呢？我們有誰是正常的嗎？

你們問我那時，我都沒回答，因為我不知道該說什麼。其實我希望略過那段對話。很天真，對吧？因為誰不曾在人生某個、或許多個時間點裡，基於種種理由，問過自己這個問題呢？我就問過，而且即使現在也還在問。雖然當時我無法回答，但現在我想答覆你們。

雖然你們還沒像我過去那樣被歸類為不正常，但我可不天真。我知道正常將會找上你們，它會影響你們——而且應該已經發生了。我們都面臨正不正常的問題，因為一如傅柯（你們很快就會發現我讀了太多他的作品）所寫的：「斷定正常與否的裁判者無所不在。」他說的不只這樣：「我們身處在一個教師、醫生、教育者、『社工』都是裁判者的社會；這個普遍受到標準規範支配的社會就是以他們為基礎；無論自認置身在社會哪個角落，人人都受到其身體、姿勢、行為、習性與成就的宰制。」傅柯的意思基本上是說，我們都生活在受這些裁判者的規則管控的土地上，毫無逃脫機會。

每個社會都辛苦地面對著正常的問題，如同法國人類學家李維史陀所寫的，我們已經讓差異、不規則與反常的文化「問題」成為各文化的中心。正常與它的雙生子——不正常——是「人類境況的根本問題」。要求與強制執行正常的各種機構、系統和文化實踐環伺在我們四周，而我們必須無視、遵循或是透過那些正常法學的嚴格裁判者，才能建立生活與自我。

你們要做好準備。我希望你們知道如何在這世上成長茁壯，因為這世界會在某個時候告訴你，因為你的想法、外表、你所愛的人、你的學習方式、你的感受、你的行為，或是你的信念，所以你不正常。我們所有人都會面臨這一刻。我要你們知道，正常是一個你我必須辛苦面對和抵抗的問題，也是一個必須否決和被取代的想法。你們還要知道，如果那些曾經傷害過我和許多其他人的裁判者也傷害了你，那你們該如何振作，去爭取一個不受那些裁判者統治的世界。一旦正常找上你，你們要能夠說出以前我在面對它時說不出口的那句話——正常爛透了。

•

長久以來，我都和正常糾纏不清。我的困境始於家裡。如果在家家戶戶試圖「演出」正常的期間把燈打亮，我敢說，你們會看見許許多多的怪胎秀，我家也不例外，唯一差別是小時候我家人就知道我們很奇怪，甚至自詡為怪胎家庭——這也算是另類的甘迺迪家族吧。

我在一九七七年生於舊金山，不是今天這個房租貴得嚇人、由男性主導的科技重鎮舊金山，而是一個昔日風華不再、瀕臨破產的垂死海港城市。一九七七年的加州不是我現在所住的加州，而是人口只有目前的一半，滿是從外地逃到這裡來的嬉皮、滑板手、衝浪手、電影人、移民、鑽油工人，以及被迫來到西部的其他人。當時的加州就像一場在被媒體稱為「月光」的州長領導下的激進實驗。[1]

我的家族成員也是從外地逃來加州的。我的四個祖父母都是愛爾蘭移民，外祖父母小時候從科克郡遠渡重洋來到紐約，那時他們常看見徵人告示上寫著「愛爾蘭人別來應徵」。他們循著那些告示一路來到蒙大拿州的布特。這座鎮上有許多愛爾蘭人在銅礦坑裡工作，有一段時間甚至是愛爾蘭之外最大的愛爾蘭族群聚集地。

我的外祖母伊莉莎白在一個地位顯赫的猶太家庭裡幫傭，她愛那戶人家，他們也鼓勵她盡快離開蒙大拿。她在認識我外祖父之後果然離開了。

我的祖父母也看見同樣的反愛爾蘭人告示，但還是留在紐約，而且在當地達到愛爾蘭人的聖三位一體目標，也就是成為警察、消防員和政治人物，晉身中產階級，獲得尊重。我對他們認識不多，最後見到祖母是在我十歲那年，而我爸從來不談他們。那很可能是他最後一次跟他媽媽說話，這點我不確定。我爸經常退出別人的生活，我花了許久時間才明白箇中原因。這一點我稍後再談。

我媽生於舊金山，但她沒對我透露過太多童年往事。我幾乎不認識我外婆，只知道她繼續為有錢人家打掃，直到外祖父當上藥劑師為止。他在我媽十歲時因為心臟病過世。外婆是個強悍的女人，午餐就開始喝酒，丈夫死後更是從早餐就開始喝。我媽當時難過、憤怒又叛逆——現在也一樣。她想當修女，但教會不准她進修道院，因為她「目中無人」。她聽懂了這個暗示，決定成為政治激進分子，於是加入黑豹黨。黑豹黨的總部就位在過一座橋的奧克蘭，雖然距離不遠，那裡卻像是另一個世界。根據家族傳說，她曾經幫過提摩西．李瑞[2]逃獄。

我媽十七歲時生了我的繼兄比利，十八歲半生了繼姊蜜雪兒，二十歲時又生了繼姊凱莉。她過了很久、在三十歲時才生下我。我們家就像一支雜牌軍。比利看起來活像是愛爾蘭警匪片裡的主角，即使他還只是個小孩子；大姊蜜雪兒留著一頭金色長髮，安靜又優雅；二姊凱莉小時候在家中惡名昭彰，因為她常使出「靜坐示威」絕招，遇到不公平的事就坐著以示抗議，哪裡都不肯去。

我媽在一個烏托邦式的集合住宅裡獨自撫養我的三個兄姊，那個住宅計畫叫「廣

---

1 加州當時的州長傑瑞．布朗（Jerry Brown）提議發射衛星、以供該州緊急通訊之用。《芝加哥太陽報》因此稱他為月光（Moon Beam）州長，嘲諷他好高騖遠。

2 提摩西．李瑞（Timothy Leary）是美國心理學家，因大力提倡迷幻藥的正面功能而成為爭議性人物。

場」，是由碼頭工會經營。她記得那段日子就像是舊金山的天堂歲月，舊金山當時尚未仕紳化，還是個激進政治與進步思想的集中地，比較沒那麼多愛與和平，多的是反抗「大政府」。「廣場」的居民反對學校種族隔離，於是掌控了當地的小學，實行各種進步計畫。家長們會互相照顧小孩，參與彼此的生活。我兄姊卻有不同說法。在他們的版本中，他們根本就是被丟在一片空地，「廣場」則是一個小孩子根本沒時間過童年的地方。我年紀大了之後才發現，這兩種說法可能都對，而且往往是真的。

我爸逃離紐約州塔里敦，慢慢往西部移動。他身心俱疲，頂著高智商、高等教育的學位，以及對社會正義的堅定信念，勉強撐持著。他的父親也在他小時候去世，沒人告訴他究竟是出了什麼事。他媽媽個性冷酷而嚴厲，所以主要是繼父在照顧他。

我知道我爸小時候耳朵外翻，祖母便用膠帶將耳朵黏在他頭的兩側。我知道他們家虔誠信仰天主教，他上的也是天主教學校，學校裡有個綽號叫「痛苦」的修女。我知道這綽號取得一點也不含糊。我知道他中學打美式足球時受過傷，被一堆人壓在底下，醫生接合了他的下部脊椎，好讓他能「正常」走路。但我知道他沒有真正痊癒過。

我還知道他在認識我媽之前結過婚，她應該是叫潘蜜拉。也許吧，因為他從來沒告訴過我，所以我不確定。我倒是知道他們有一個孩子流產了，是兒子，而後又生了第二個，我另一個繼兄，他叫邁可或約翰（我又不確定了），我們沒見過面。我爸拋妻棄子，前往西部，一去不回頭。他擅長拋開過往，毫不回頭。我原本不知道有這個哥哥，直到……我不確定何時。父親從來沒有和我提過這個哥哥，這個哥哥的存在是那種原本沒有、接著就突然出現的——那是有回我在爸媽深夜吵架時無意間聽到的，或許是我媽在邊喝著傑克丹尼爾純威士忌，邊數落父親的失敗時脫口而出。

我不知道我父母是怎麼認識的，但知道他們的婚姻讓家中經濟狀況有了改變。可以這麼說吧。他們從貧窮和勉強維生的窘境，一路攀登到中產階級鐘形曲線的頂端。當時我父親在一家教育公司工作，但他決心成為律師，於是我們舉家從舊金山搬到馬里蘭州的貝塞斯達，好讓他在喬治城法學院就讀。法學院畢業後，他在舊金山找到某企業的法務工作，隨後又辭職（或是遭到開除，他餘生就延續著這種模式）。

一九七七年三月十九日，我在舊金山大學醫院出生。當時比利十四歲，蜜雪兒十二歲，凱莉十歲。我媽分娩時，他們就在等候室看著《瑪麗泰勒摩爾秀》，順便幫我想名字。蜜雪兒想到泰隆，凱莉提議泰羅爾，比利認為黑權運動領導人的名字史托克利[3]不

3 這裡指的是史托克利．卡邁可（Stokely Carmichael）。

錯，不過也建議泰倫斯。我的名字也取用了我爸的名字。他叫約翰·葛雷哥里·穆尼，平常就叫葛雷。我叫強納森·泰倫斯·穆尼，平常叫強納森。根據我兄姊和我媽的說法，我絕對不能叫約翰。

在我出生後不到一年，我爸宣告破產，我們也被房東趕了出去。這一家子只好趕快把家當搬上一輛取名為「無敵浩克」的棕色 Volvo，以免連車都要被收走。我們把大部分物品留在路邊，只帶走一隻名叫少校的狗和叫大貓咪的貓，接著就往南開去洛杉磯。我爸在當地有一個就讀法學院時的好朋友，也許能在哪裡找到工作。

我們在加州的曼哈頓海灘住下。我爸媽逃離七〇年代狂野的舊金山，找到這個濱海的中產階級郊區。曼哈頓海灘就像烏比岡湖[4]，每個人的狀態都在水準之上——他們會衝浪，擅長五種運動，而且身材高大，還有一頭金髮。每個孩子的父母都是波音公司主管、醫生、律師、會計師。如今回想起來，我才明白他們為何挑上這裡；曼哈頓海灘與舊金山的廣場社區完全相反，這裡有好學校和正常人。

然而，我們卻格格不入。

我是個怪小孩，對格紋衣物深深著迷。有一次我騎著一輛格紋腳踏車，穿著格紋休閒鞋、格紋短褲、格紋上衣，更誇張的是還戴著格紋帽。我很喜歡電視劇《根》，於是就用劇中主角的名字昆塔．金德稱呼自己。我還會穿著襪子淋浴，也常全裸在家中走廊跑，一邊大喊：「我是貧民區的民主黨！」（其實我不懂那什麼意思。）有一年，我決定只在我們家一間空房的角落尿尿。沒有人注意到，所以你們大概知道我們家有多「乾淨」了。我背下《你整我，我整你》的所有對白，那是丹．艾克洛德和艾迪．墨菲主演的經典電影，內容與階級對抗有關。當然，那不適合兒童觀賞。我也常口出穢言。有一次，甜甜圈店的櫃台女店員用極其甜美而親切的聲音問我需要什麼。我說：「給我來個他媽的果醬甜甜圈，賤貨。」當時我才兩歲。

我們家的前門沒有門把，如果彎下腰，從原本應該裝上門把的那個孔朝內窺看，就能窺見我們家的怪胎秀。你不可能會錯過我們養的各種珍禽異獸。少校是家裡的狗，臉上有一道十三公分長的疤痕，肚子上還有另一道（原因不詳）。愛蜜莉是我養的狗，身上無毛又瘦，尾巴活像是負鼠的尾巴。家人都自圓其說、說牠是罕見的純種非洲無毛犬，我則告訴別人牠曾在西敏寺狗展中獲獎。我朋友甚至說牠是老鼠。我根本記不得我們養

4 屋比岡湖（Lake Wobegon）是美國某廣播主持人虛構出來的地方，是一座人人都在平均水準之上的小鎮。後來用來形容自覺高人一等的心態。

過的每隻貓，因為我們一度取到沒名字可取，直接依照外型喊牠們大貓、小貓、橘貓、白貓、褐貓、毛毛貓、貓咪貓，還有……鉗子。

還有查理，我養的鳥。根據都市傳說，曼哈頓海灘上有一群從失火的寵物店逃脫的鸚鵡。我在人行道上發現查理，當時牠還是翅膀受傷的雛鳥，從鳥巢掉下來。我救牠回家，治好了牠的翅膀，給牠關愛。查理約莫是一顆青蘋果大小，全身綠色，翅膀末端帶黃，眼周是一圈黑，活像個職業拳擊手。牠是我最好的朋友。我教牠說話，他會說：「你好，約翰」、「查理是隻漂亮的鳥」，還有「去你的」。我在學校開始過得不順心時，往往只有牠會跟我打招呼。

我爸會裸體在家中走動，而且頻率很高。不只在洗澡後，特別的「裸體星期一」，天體主義節日或晴朗的日子，而是隨時。他一大早就開始喝酒，很晚才結束。他常大吼一些我聽不懂的話。我媽通常會放任他這麼做，她自己也有失敗的地方，一如所有成人。但是我爸真的很糟糕。他會隱隱約約出現在我面前，像個龐然大物，跟我說話時總伴隨著尷尬、困惑、憤怒等情緒，往往也得靠幾瓶海尼根和水菸的幫忙。

他在許多普通的事情上都失敗了，但如今我能原諒、或至少能理解並試著去原諒。有時我真的可以，有時卻不行。但是他在不太普通的事情上也令人失望。即使身為一個容易犯錯的人，他也不能因此過關——至少我不會讓他過關。我一度有五年多沒跟他說過一句話。我們從來沒有爭吵或嚴重失和過，可能這就是我在三十五歲左右那麼輕易就讓他溜走的原因。最後一次見面時，他看起來相當憔悴。他終於徹底從鐘形曲線上的中產階級那端跌落，摔得雙手瘀青、流血。然而我們從來沒談過這個，一次都沒有。於是我只用一個故事、我的故事，來填滿我和他之間的沉默，因為那是我的故事，對我來說，那故事再真實不過。

我也是這段沉默關係的幫兇。我沒有拿起電話，也沒有回頭看。我想那也是我擅長的。

你們要知道，儘管有這些亂七八糟的狀況和後果，我的童年仍然有許多美好與喜悅。我的爸媽相當尊重我兄姊和我的意見，認為孩子身為家中成員，也應該得到平等的對待。我們會召開盛大的家庭會議，共同決定相關規則，而我確定這些是根據公社裡的某種程序而來的。（我們投票決定在家中「不准裸體」走動。）家中孩子都受到不同方式的鼓勵，甚至被要求去挑戰權威，質疑所有現況背後的成因。最重要的是，我們其實都愛著彼此。

對我來說，我的童年很正常，因為我沒有自身經驗之外的參考對象。直到有一天，我有了參考對象，我的童年接著就不正常了。那天，我跟附近一個小孩相約玩耍。我爸在家直接就口喝著罐頭裡的扁豆湯，生吃青花菜梗，還有水煮蛋（他常吃的點心），用烤箱烘乾他的運動服。他戴著頭帶、腕帶，穿著運動鞋、白色高筒襪，還有緊身白色三角褲。我們家聞起來滿是汗味和尿味（我不確定是來自於我或動物）。查理不斷飆髒話。當同一條街上的小孩進來看了看之後，他皺起臉咕噥說：「好奇怪。」

如果這樣不夠，那麼還有學校，我在學校裡很快就成為「那種孩子」。從進入潘尼坎普小學就讀幼兒園的第一天起，我就和學校處不來。事情從課桌開始。我和課桌的關係相當緊張：上課才五秒，我有一腳就開始蹦蹦跳跳；十秒後，變成兩腳；十五秒後，我已經打起鼓來了。過了幾分鐘，完全結束。接著我又設法把腿放到脖子後面。對，那張課桌和我處不來。對某些孩子來說，他們的課桌只是學校設備，對我而言，那是會讓錢尼露出微笑的一項強化審問技巧。[5]

坐著不動已經很難了，但我還有閱讀困擾。我被歸為「愚蠢」組。老師其實不會叫我們愚蠢組，但我們打開天窗說亮話吧：大家都明白哪一群學生屬於「聰明」組，哪一群則不。我的學校有加州兀鷲小組、黑鸝小組、青鳥小組，而在校舍後面的附屬拖車裡上課的則是麻雀小組。我成天在讀《看點點在跑》[6]，加州兀鷲小組卻已經快讀完《戰爭與和平》了。先不開玩笑了——無論閱讀小組取了什麼名字，小朋友都知道自己所屬的位階。這本《看點點在跑》不錯，敘事結構挺棒的，算是很好的寓言。但我實在不想十歲還在看小狗點點的故事，於是我往教室另一頭走過去。我想找到我的閱讀小組時，點點應該是溜進了我的背包，或是鑽到我衣服底下，因為我經過時，其他孩子會嘲諷地說：「強納森，快回去你那個愚蠢閱讀小組。」

閱讀小組已經夠慘了，但要在課堂上大聲朗讀才可怕。我的情況是這樣：第一個小朋友開始朗讀，我嚇壞了，但心裡卻在盤算這個小朋友朗讀的句子有幾句，接著快速翻過去背誦。下一個小朋友開始朗讀。糟糕。第一個小朋友讀了十句，下一個讀了五句。我找不到我的那一頁。我隔壁的小朋友開始朗讀，下一個就是我了。我舉起手，接著走往廁所，向老天祈禱等我回去時已經跳過我。從洗手間回去之後，我發現大家都在等我，進度就停在我的那一頁。我痛苦地大聲朗讀了十分鐘，但用「朗讀」形容其實是高估了。

5 九一一事件後，小布希政府採具爭議性的強化審問技巧偵訊恐怖分子，時任副總統錢尼（Dick Cheney）尤其支持此做法。

6《看點點在跑》（See Spot Run）是一系列給兒童看的圖畫書，目的在幫助孩童識字。

應該說吞吞吐吐唸出字母與字詞比較正確。

接著還有寫作。我問我的三年級老師，為什麼不能只有一個「那裡」（there）。我們真的需要三個「那裡」嗎？[7] 難道我們不能講好，當我寫「how」代替「who」，或用「who」代替「how」，他還是能懂我想表達的意思嗎？好吧，有時這可能是個問題，就像我傳紙條給隔壁小朋友，想問他們好不好（how they were doing），結果卻變成在問他們在做誰（who they were doing）。可是那種情況（a）不常發生，（b）很好笑，以及（c）在人生某個時候其實會是個合理的問題。

還有「horse」和「house」這些字。當然，這是完全不同的東西，可是幫幫忙，「horse」中間的那個 r？又不是我的問題。還有像「組織」（organization，往往變成「orgasm—高潮」）以及「商業」（business，我都寫成「bunnies—兔子」）這些字，因為輕軟的子音與母音混合音，都能以無盡而美麗的方式破壞及重組。好吧，這些字沒有那種特點，或者也許有。我不知道，因為我還不曉得子音與母音混合音到底是什麼。

曾經，大家都同意這種事情不必在意。當然了，那時是十六世紀，拼字沒有特定規則可言，但大家還不是照樣過日子。一個字可能有十種拼法，真是美好的舊日時光。然而，潘尼坎普小學可不相信復興古英文拼法傳統那套，所以我學著將它簡化。我只寫能從教室裡抄來的那些字。如果腦中那個字太長、拼不出來，我就改用比較簡短的字。有所懷疑時，我會隨便潦草寫個字，讓別人看不出來。我完全陷入一個簡化的循環。我的拼字和寫作讓我顯得相當愚蠢，於是被人當成笨蛋對待。接著我開始相信自己的確很笨，於是開始表現出愚蠢的行為，然後隔天又再重來一次。

•

三年級結束時，我從「那種孩子」晉升為「資源教室特殊教育」的孩子。我被診斷出有多重語言學習障礙以及注意力缺失症。當那位教育心理學家告知我媽和我這個消息時，感覺好像有人死了似的。桌上擺著面紙，說話語調壓低，鏡子也遮了起來。我的正常已宣告死亡，我們為它守喪。即使我才十歲，我也不是不知道我的問題帶來的悲劇——當時它都還沒個名字呢。我知道別人認為我有什麼地方不對勁。離開心理醫生的辦公室時，我問我媽：「我正常嗎？」

7 三個「那裡」指的是 there、their 和 they're 這三個讀音相同、容易搞混的字。

我腦海中還能看到她當天的模樣。她個頭不高，樂觀一點看，她穿上高跟鞋時有一百五十公分，樣子就像一隻愛爾蘭鬥牛犬。她尖銳的嗓音像米妮老鼠，飆起髒話卻像卡車司機。學校那位心理學家可不希望怒飆髒話的米妮老鼠出現在她的辦公室裡，但是我媽偏偏發作了。她要我在外面待著，接著走回辦公室。接下來我只知道就連社區裡的狗也都嚇得紛紛竄逃。我覺得在她高八度的髒話音波下，玻璃好像都快碎了。她走出辦公室，一句話回答我先前的提問：「正常爛透了。」

不過，不管她說什麼，我都知道真正的答案。我跨越了正常與不正常之間那條界線，那界線雖然看不見，但我們都知道它就在那兒。雖然不是每次都確定它在哪裡，是誰畫的，又是如何、為何畫的。在那一刻，我確定無論「正常」是什麼，那都不是我。

•

我希望你們知道，我的故事並沒有在那間辦公室外就畫下了句點，不是我停在與正常相對、錯的那一邊就結束了。我想告訴你們，我這一路是怎麼努力地走了回來。不是回到那條界線「對」的那一邊，而是回復根本不由那條界線來定義的自我與人生意識。

# 第二章

# 正常並非一直都正常

正常有另一個夥伴。與它相反的是病態，曾有一段短暫的時期，病態主要屬於醫學領域。接著，它進入了幾乎無所不包的範疇。

——伊恩．哈金，《馴服偶然》

正常的身體是在十九世紀發明出來的，以與理想的身體有所區隔。如今，它已經轉移到一個新的概念：正常的理想。

——連納德．戴維斯，《強制正常》

當十歲的我和我媽走出那個心理醫生的辦公室時，我知道，無論正常是什麼，我都想變正常。渴望正常的不只我。對於我自己，或是其他發現自己處在那條界線錯誤的那邊而想回頭的人，我都不做評斷。我也不評斷那些位在界線正確那一邊的人：那些認為自己正常，而想維持現狀的人。因為如今的我知道，正常就像一種自成一格的園遊會攤位遊戲，沒有贏家。

日常對話中，我們常不加思索就用「正常」一詞來評斷他人的行為舉止；自己畫出界線，分出誰在線內，誰又在線外，強調我們的個人性，與「他者」保持距離。即使正常的定義曖昧又模糊，我們還是嚮往不已——原因正是因為它模糊不清。伊恩．哈金總結表示，「正常」這個字眼伴隨著許多意義，「它在你耳邊輕語，說正常也是你該遵循的規範。」它是一股力量，就像地心引力，將你我固定住，把世上的零散事物分成固定、可知的類別，如此一來，我們就不會逃脫自我。它無所不在的特性正是它力量的來源之一。它給這世界貼上標籤、形塑這個世界，接著事不關己似地為自己辯解說：「嘿，本來就是這樣啊。」

不過，與我不同的那東西是什麼？如果沒有一個「正常」來區隔，就沒有人可被診斷、歸類為腦機能障礙，或是任何其他的異常。我小時候還真的相信一定有某些聰明絕頂的科學家找到了正常的腦，還把那腦子泡在實驗室的罐子裡。在此特別聲明：他們還沒發現，而且根本沒有那樣的腦。

你們要知道，正常有一段歷史。也許你們會假定那是一段「發現」的歷史——有人在某個時間點、某個地方發現了對人類而言什麼才算正常。正常和正常人常表現得像是這世上的事實。但其實不然，那是謊言。這個謊言讓正常得以在我們的生活中施展它龐大的威力。正常雖然有其歷史，但那不是發現的歷史，而是「發明」的歷史。正常並非一直都正常。

•

正常從何而來，又為何在我們的生活、制度和世界裡擁有如此力量？它如何變得像空氣一樣——看不見，不可或缺，而且無所不在？伊恩·哈金率先指出，要是在任何一本英文字典裡查「正常」，第一項定義都是「常見的、規則的、普遍的、典型的」。這怎麼變成了眾人嚮往的目標？「每個人都一樣」如何達到它所擁有的文化力量？

有一整個領域的人在研究這方面的知識，撰寫相關著作。傅柯的《瘋癲與文明》讀來令人愛不釋手。喬治·岡居朗的《正常與病態》非常幽默，讓人捧腹大笑。彼得·克萊爾與伊莉莎白·史蒂芬斯的《正常性：批判系譜學》應該列進你們的暑期書單。戴維斯的《強制正常》會徹底改變你們的人生觀。這些書和其他相關著作把正常踢下了神壇，跌落泥坑。因為正常是有條件的——它取決於歷史、權力，以及最重要的，人類努力追求正常的企圖。

就像這些學者指出的，「normal—正常」一詞是在一八四〇年代中才出現在英文裡，接著一八四九年有了「normality—正常性」，一八五七年出現「normalcy—常態」。對一個以長期普世事實的姿態存在著的字詞來說，它的歷史短得令人震驚。normal 最初的用途與人、社會或人類行為毫無關係。norm 和 normal 是數學家使用的拉丁文。normal 源自拉丁文 norma，是指木匠用的丁字尺，而演變自拉丁文的 normal 最初的意思是「垂直的」或「成直角的」。

然而，即使是作為幾何學中的獨特用字，normal 也比表面上來得複雜。一方面，normal 是在陳述世上的事實——一條線可能是正交，也就是成直角，或不是，而 normal 就是對那條線的客觀敘述。但在幾何學中，成直角也是好的，可取的，是一項普遍的數學真實，古今許多數學家都形容那是一種美或完美。在此，我們看到 normal 如今讓人感到熟悉、讓它力量如此強大的兩個面向——正常既是一種事實，也是評斷正確與否的標準。哈金寫道：「一個人能用『正常』一詞來說明事物的狀態，但也能用來表示它們應該如何。」

其他還有一批字詞企圖與「正常」抗衡：自然、普遍、普通、典型、端正、完美、理想。這份清單還能繼續列下去。但實情是這樣的——在適者生存的競爭中，「正常」之所以具有關鍵優勢，是因為它的意義不只一個。它的曖昧正是它的優勢。

想來可怕，但實情卻是如此：今天之所以有「正常」，並不是出於某個深思熟慮的過程，或有組織的陰謀，而是因為它比其他字詞來得有效。大家開始在諸多有別的脈絡中，以許多不同的方式使用「正常」，因為它就在那裡，因為它有助他們達到目的，因為其他人也在用，因為它容易脫口而出，因為它賦予了他們權力。

所以，是誰在使用「正常」，原因何在，如何使用？「正常」最早開始用於數學領域之外，是始於十九世紀中期一群比較解剖學及生理學的學術界男性（性別代名詞註記：在這段關於正常的歷史中，每個「人」都是男性）。這兩個領域在十九世紀主導了有關人體的專業範疇。這群人率先將「正常」一詞用在數學領域之外，最後用「normal state—正常狀態」來描述在人體內順利運作的器官和其他系統。他們為何選用了「正常狀態」？誰曉得？也許他們認為將事實性與具價值性的字合併起來很實用。也許挪用一個帶有數學嚴謹特質的詞具有專業上的優點。（當時的醫生並不像現在這麼優異，他們治療普通感冒的解方是水蛭；頭痛則靠放血來舒緩。這種療法害死了很多人，我想那也算是一種解方；至於自慰習慣，則以去勢「治療」。）也或許，他們就是喜歡「正常狀態」唸起來的聲音。相關歷史記載不明。不過，他們以大量挪用、合併，再添進些許嚴謹性的手法，跟我小時候天馬行空的創造性拼字法還真有異曲同工之妙。

對這些人而言，「正常狀態」既用以形容「完美」或「理想」的身體與器官，也用來將某些狀態稱為「自然」；當然，還有用來評斷器官是健康的。我不怪他們用「正常」取代完美、理想、自然，和所有他們原本可用的其他字詞。這不是什麼了不起的大陰謀。字詞好多，時間好少。我想他們只是因為懶，於是就說，管他的，就用「正常」吧。用一個字總比用五個字好。

•

然而，那些解剖學者與生理學家始終沒發現或界定出正常狀態。這群人研究和界定的反而是與之相反的病理狀態（pathological state）。他們將正常定義為是「不異常」的事物。但「正常」如今確實有一個主動定義，不是嗎？

正常不只是不異常，還是一個中上階級、住郊區、異性戀、體格健全、精神穩定的已婚白種男性，有二個半的孩子。這個統計數字是打哪兒來的？嗯，這「半個孩子」倒是讓我們想到該從哪裡開始看起。你們從沒見過半個孩子，因為根本沒有那種東西。半個孩子是抽象概念：將全國的孩子加總起來，除以家戶數，就會得到每戶的平均孩子數。然而，平均的事物常被稱為正常——而所謂的正常也變成了規範。

平均即正常的這種觀念可以回溯到一七一三年、一個名為雅克伯．柏努利的瑞士數學家，許多人認為他就是現代微積分與統計學的創建者。柏努利對文藝復興時期的機率遊戲（也就是賭博）深深著迷，後來又迷上鑽研一個數學方程式，希望能「掌控機會」，計算出隨機事件的發生機率（也就是擲骰子的輸贏）。為了解決這個問題，他創造出一個名為機率演算的方程式，後來就成為所有統計學的基礎。這可是大事一件。統計學大致能讓許多看似隨機的事件更容易預測，而機率演算在這一點上尤其好用。柏努利秉持這種新思維，挑戰、而且衝擊了一種決定性的世界觀。他甚至顛覆了整個教會的神創世與神介入的觀點；不過，對他個人最重要的，也許是有了贏得擲骰子的方法。

時間快轉一百年，後來的阿道夫．凱特勒沒將機率演算用於賭博，而是用在了人身上。他是歐洲在那時代最重要的統計學思想家。諷刺的是，他也跟在他前後出現的大多數正常派人士一樣，是個怪人。凱特勒對統計法則和其美妙之處的敘述以冗長、囉唆著稱，他往往會用欣喜若狂的措辭形容發現資料集平均數的過程。

凱特勒真心相信，社會各個層面應該都要運用統計學。他不滿足於預測賭博機台會滾出哪顆號碼球，或是擲銅板時正反面會出現幾次，於是在一八三五年提出了「平均人」的概念。他的計畫是大量蒐集任何一群人口的統計資料，計算其平均值，也就是最常見的各種特徵組合——身高、體重、眼睛顏色——再加入智商和品德等特質，然後以這個「平均人」當成社會的模範。

對於是否相信平均人是一個真人，凱特勒的態度既含糊又曖昧。他一方面確實提出許多說法，解釋平均人只是統計上的抽象概念，另一方面，他在生涯晚期卻又更深入自己的想法，說根據一項對蘇格蘭軍人特徵研究的結果，人是有「類型」的。（種族主義警告：不意外，他在這項研究裡發現黑人不「正常」。）凱特勒聲稱，有可能在真人身上找到這種理想類型（雖然他想的是類似演員伊旺．麥奎格那樣的人）。總之，凱特勒確實相信這個「平均人」既美麗又完美。這個平均人不會是像荷馬．辛普森[1]那樣典型的「平均」，而是一個應該引導社會的模範人：

> 如果這個平均人完整建立起來，你便能將他視為一種美的類型……所有與他的比例或舉止最不相像的，就會構成畸形或疾病；任何大相逕庭，不只在比例、還有外型上超出觀察到的極限之外的事物，就會構成醜惡。

我覺得好諷刺，即使在這裡、在這所謂的客觀數字與事實當中，也還留有期許能比現實更美好的奢望，期許一個比我們自己更好的東西。這當中總是有一個自我超越的夢，而在那個夢裡則存在自我否定的現實。你和我，所有人在內心某處，都渴望自己能成為另一個人。

凱特勒的平均人概念變成了正常人概念。他交替使用一般、平均和正常等字詞。一八七〇年，凱特勒在他一系列關於兒童「畸形」的文章中，對照了殘障兒童與其他人體的正常比例；後者他是以平均值計算得來的。正常與平均已然合併，正如《正常性：批判系譜學》書中解釋的：「統計學的任務主要是確立何謂正常比例，而治療醫學的職責則是盡力縮小實際與正常／理想之間的差距。」

但凱特勒提出的見解也不是人人都認同。當時他在許多醫學座談會上被人噓下台，法國當時新興的公共安全部門對他也敬而遠之。凱特勒的平均人往往完全無法代表一般人。比方說，在計算一群人的平均年齡時，他剔除了所有小孩。在研究女人怎麼樣才算

1 荷馬．辛普森，卡通《辛普森家庭》裡的爸爸。

「自然」時，他卻是使用男性的資料。這就像是他只計算養貓者，然後說發現貓是一般人最常養的寵物。最尖銳的批評其實相當簡單：根據凱特勒自己的說法，平均人並不存在。那是統計上的虛構想像，所以平均人的概念對身為醫生、經營政府或學校，或過好日子怎麼會有幫助？那這到底能有何助益？因為，就算依據凱特勒自己的觀點，平均人也是不可能出現的人。

儘管凱特勒強調平均數與平均值的重要，也將兩者與正常合併使用，但他從未主張平均人是一個真人。他的平均人近似「典型」的蘇格蘭人。誰能怪他呢？畢竟蘇格蘭口音可是相當迷人。可是凱特勒退縮了，表示平均人只是一項實用的統計概念，目的是讓政府官員和其他專業人士瞭解這個世界。它並不是實際存在的東西。

凱特勒雖然奠定了基礎，但最該為 normal 一詞的現代用途負責的人卻是法蘭西斯·高爾頓。高爾頓是達爾文的表弟，他最初是醫生，後來轉投入當時新興的統計學領域。一如戴維斯在《強制正常》中敘述的，高爾頓在統計學理論中做出重大變革，進而開創了我們所知的常態概念。

這些變革在數學上相當複雜，但《克里夫學生學習指南》的摘要是這麼說的：高爾頓對改善人類處境相當熱中，他相信統計學對此能有助益。他熱愛凱特勒「平均人」的整個概念，但有個小小的問題。凱特勒鐘形曲線的中心是最常出現的特徵，而不是高爾頓認為每個人都應該要有的理想身體和頭腦。為了解決這個問題，高爾頓利用錯綜複雜的數學程序（統計學的技術性定義），採用鐘形曲線的構想，也就是最常見的特徵集中在中間和兩端，形成他所謂的「ogive—肩形圖」（高爾頓有自創字詞的習慣）。戴維斯解釋，它「以四分位數排列，有一條上升曲線，令人嚮往的特徵比不受歡迎的偏差來得『高』。」他稱這是「常態分布曲線」（normal distribution curve），這使得高爾頓不重視、又最常出現的那些差異變成了缺陷，而他重視、但不常見的理想身體與頭腦則變成了……正常。

這就非同小可了。克萊爾與史蒂芬斯這兩位《正常性：批判系譜學》的作者指出：「高爾頓不只是實際發展正常的統計學理論的第一人……也是最早提議將之應用在社會與生物正常化上的人。」到了二十世紀初，正常人的概念占據了主導地位。新興的公共衛生領域非常喜歡這個概念。學校是特別為在統計上占了多數的中間者而設計，有一排排的課桌椅和一體適用的學習法。工業經濟需要標準化，而將平均值、標準和規範應用在工業生產上便能實現。優生學是高爾頓創立的遺傳學分支，致力要消除世界上的「缺陷」（稍後會更詳細探討），而它的建立基礎就是常態分配曲線的概念。

將平均人混淆為正常是正常在歷史上發展的一大步。統計學並沒有「發現」正常，而是「創造」了正常應該要最常發生的這個觀念。根據克萊爾與史蒂芬斯的說法，此時正是歷史上「一種基於數學的社會知識，斷言平均較例外更為重要」的時刻。這非同小可，尤其是對那些後來發現自己處於不正常那一邊的人而言。誠如知名的統計歷史學家德斯羅西耶所寫的，在統計思想發揮其影響力的這個情況下，生物固有的多樣性淪為了一種沒必要的「誤差」擴散，而平均則被高舉為正常——是一種務實、符合道德與智識的理想。

•

現在，你們可能會認為正常的歷史是一段發明史，而非發現史，而且也到此告一段落。其實不然。凱特勒勉強承認，將平均視為正常是統計學上的虛構想像；高爾頓則沒把焦點放在廣義的正常性上，而是著重在去除常態分配曲線底部的那些惱人「缺陷」。正常性一直要到二十世紀才成為一種廣泛的文化現象。當時有一群新的專業人士採用了正常的概念，事先加上前面提到的曖昧、同義反覆贅述，以及與平均值結合，設法更進一步找出世界上的正常人。結果，他們反而發明了光彩耀眼的正常，而且至今仍未式微。

這些想找出正常人的人是誰？是性科學家。怎麼樣，沒料到吧？先別期望太高。將正常帶上新高峰的性愛研究者，是一些自詡為性愛衛生專家的人。他們寫了類似《理性的性倫理：正常男女性生活之生理與心理研究，以實際個案歷史為鑑之理性性愛衛生建議》之類的書。這可不是《格雷的五十道陰影》。不過大家開始注意起這群性愛科學家，因為無論如何。性就是賣點。

克萊爾與史蒂芬斯指出，除了這些性研究者之外，心理學家、精神科醫師、性學家、心理分析師、公共衛生官員，以及婚姻諮詢作家，也都在二十世紀帶領著一項廣泛、而且大受歡迎的運動，企圖找出正常，告訴我們有關正常的一切。當然，這大批人馬的非正式領袖就是佛洛依德。沒錯，習慣吸食古柯鹼（用量足以殺死一頭小型牲畜）的佛洛依德，就是正常性的歷史上最重要的思想家之一。我會跳過關於他的長篇大論，免去你們閱讀他龐然巨著的痛苦。當中的重點是，所有事全都與性有關。全部都是，一切的一切。一個人的個性、思想、抱負、對世界的期望、最喜愛的顏色、食物、冰淇淋口味，不論什麼，歸根究柢全都與性有關。

在十九世紀末與二十世紀初，佛洛依德和其他人發展出正常性愛的理論，這理所當然也是正常人的理論，因為性就是一切嘛。剛開始，他們掉進舊有的「相對於不正常的正常」同義反覆贅述裡，幾乎完全專注在「偏差」上。這個主題的第一本重要著作是《性病態心理學》，作者是馮．克拉夫特-艾賓。此人是個十足的混蛋，我有太多理由可以貶低他，第一個理由就是他最早宣稱與同性發生性關係的人既變態又偏差，應該關進監牢。但佛洛依德反轉了這個說法。他主張，正常與異常之間並沒有明確界線，應該說，每個人多少都有點「變態」與「病態」。從一九二〇年代開始，其他人在當時的婚姻與自助文學（對，就是勵志書的那種）中，將這個重大觀念普及化，稱之為「幾近正常」。

對於亂七八糟的正常性論述來說，「幾近正常」是一個新層次，既有趣又實用（對某些人而言），但最終又令人發狂。這對心理醫生來說是絕佳的商業模式，因為大家若是多少都有點病態，那麼每個人都可以來尋求他們的服務。出版業熱愛它，因為各式指南可以幫助幾近正常的人更趨近正常。呈爆炸性成長的大眾消費市場和廣告業也抓緊這個概念，因為你要是想向人推銷什麼，就說他們有哪裡不對勁，而你的產品可以改善。

可是，幾近正常究竟是什麼意思？這害我想得暈頭轉向：有種東西叫正常，但我不是。然而，我不應該接受這事實，而是要努力追求無人能達成的正常。對啊，你可以購買這些東西，掏錢給這些人，好克服自己的幾近正常失調。我突然明白佛洛依德為什麼需要那麼多古柯鹼了。

從這個角度來看，正常不只是一種狀態，還是應該去追求的目標。可是，等等，我有好消息。在心理醫生自以為是地大談正常性、還有我們不夠正常云云之際，還有另一批人努力想找到方法，解開這個自相矛盾的難題。新一代的「性愛衛生」研究者——不妨將他們想成是體育老師與性教育老師的綜合體——將正常性的研究帶往了新的層次。一九三〇年，就在正常緩緩滲透到越來越多的生活面向中將近百年之後，第一項大規模的正常人研究出現了：哈佛大學正常年輕男性大研究。什麼？沒說錯嗎？哈佛大學的正常年輕男性？

沒錯，史上第一起正常人研究，竟然是針對一所大學的白種男性，當時能入學就讀的根本也只有白種男性。指導該研究的阿里．博克是衛生學教授，研究團隊廣泛蒐集各種生理、社會與心理資料，然後……算了，我們直接切入重點。因為我相信我們都知道他們發現了什麼。這項研究發現——請下鼓聲——富有、大學教育程度的白種男性是正常的。

這項研究指出，正常人是「產生良好融合的各項功能，彼此均衡且和諧地相互結合」。我來翻譯一下這句話：這研究中的正常男性之所以正常，是因為他們在一個由跟他們一樣的男性所主導的制度中獲得成功。如果你的行為、外表和背景屬於主流文化，你就是正常。如果你融入這種文化，並因此被學校、教會、城市、醫生、教授視為正常，那麼你就正常。正常是在社會規範中可行的事物。這是一種全新的同義反覆贅述——正常，是那些被認為正常的人所說的正常。

•

因為正常，二十世紀被搞得一團糟。性愛研究者和哈佛人口統計學家將正常與不正常劃分得清清楚楚，而後再全部攪混，這些概念此時已經隨處可見了。真希望我能說大眾因為厭惡而絕望，憤而放棄了這些人的這整套想法。但我們都知道實情不然。正常成了所有人都喜歡的特質，因此它真的變成了一切。

到了二十世紀中期，這種新的正常已然確立。真的。我是說他們確實造出「正常」的石雕像。如果你到克里夫蘭，一定要去當地的自然歷史博物館走一趟，你會在地下室看到兩件名為諾曼（Norman）與諾瑪（Norma）的石雕像；這兩件雕像造於一九四五年，象徵正常的男人與女人。這雕像的目的是要成為史上最寫實、以資料為依據的正常性的象徵。它們和理想人類的化身、米開朗基羅的大衛像不同，畢竟沒有人真長大衛那模樣，諾曼與諾瑪是依據數十萬人的生物識別資料塑造出來的正常人類模型。

克萊爾與史蒂芬斯寫道，為了創造諾瑪，研究人員採用一個呈現美國白種女性平均測量結果的資料集，「是由美國家政局在一九四〇年代進行記錄與標準化，目的是為了設計第一套成衣標準化尺寸系統」（這讓我們有了服裝的平均值，也就是中等尺寸）。

諾曼則是以查爾斯．戴文波特在冷泉港實驗室蒐集的資料為基礎所打造。戴文波特是典型的優生學家（稍後會再多談他和優生學）。在此引用克萊爾與史蒂芬斯的說法，再加上一點我自己的話：「用來創作諾曼的資料取自戴文波特龐大的第一次世界大戰軍人身體測量結果」（白種男人），「加上一九三三年在芝加哥世界博覽會設立的身體測量實驗室的紀錄」（還是白種男人）以及「保險公司資料」（又是白種男人），「還有在大學環境工作的體質人類學家，針對男大學生所進行的調查結果」（又更多的白種男人）。如果你算一下，這表示這份資料有百分之一百五十是白人男性，導致白種男性的總數達到在全美運動汽車競賽協會與康乃狄克州鄉村俱樂部見到的那般驚人規模。如果他們全都躺在地上，你會以為是不是下雪了，白茫茫一片。

諾瑪與諾曼最初是在紐約自然歷史博物館展出，時間是一九四五年六月，結果大受好評。由於實在太熱門了，克里夫蘭衛生博物館因此買下諾瑪與諾曼這兩件雕像，甚至還舉辦了一場尋找真人版諾瑪的比賽。每個人都能馬上清楚看出誰不正常：只要不是白瓷般的膚色、身體有任何差異，以及性少數族群，都不正常，因為諾曼與諾瑪是以一對異性戀夫妻的形象呈現，早就準備好隨時要為建立核心家庭進行性行為。

比賽共有十天，一開始是《克里夫蘭誠懇家日報》頭版刊出一篇文章，標題是「你是典型女人諾瑪嗎？」克萊爾與伊莉莎白說得很對，這個時間點的諷刺性相當明顯。比賽當時正值一九四五年，美國此時已在日本投下原子彈，德國的死亡集中營已經解放，歐陸正是一片焦土廢墟。而美國第四大報卻有十天都在頭版刊登有關正常性的報導。

超過三千七百名婦女寄來她們的身體測量資料。一九四五年九月二十一日，入圍最後決賽的參賽者受邀到克里夫蘭的YMCA，現場由裁判在一千多名觀眾面前測量參賽者身體。最後優勝者是當地電影院的出納小姐瑪莎・史基摩爾。她是個窈窕淑女。經過百年辯論之後，終於有人找到了正常。還真是感謝耶穌。就讓她當上女王吧。

裁判者在台上將后冠頒給瑪莎。俄亥俄州的心理衛生與身體健康委員面帶微笑看著瑪莎，然後看看諾瑪，再看著群眾，接著說找到活生生的真人版諾瑪了……差不多啦。《克里夫蘭誠懇家日報》的記者寫道，唯一問題在於「瑪莎的身體測量數字和雕像並不符……在評估過三千八百六十三名參賽婦女的測量數字之後，諾瑪依舊是一個假想中的人。」

對不起，瑪莎。對不起，我。對不起，其他人類。真不幸。正常性的裁判者說話了：正常確實存在，它是一個不可能達成的目標，所以不要停止努力追求。

•

如果這段歷史讓你們感到困惑，那就表示你們有在注意。這段歷史顯示了正常是如何變成我們現在生活中的正常：一種標準、平均、完美、理想的混搭。它不是讓人嚮往的目標，而是你要實踐的結果。一條我們應該追逐、不斷改變與擴張的地平線。

我希望你們知道這段歷史，因為那是我們當前現況的歷史。無論現在或未來，你們人生中隨時都會遭逢一種狀況，那就是正常是一個你們應該去實現、不可能的理想。我們活在充滿規範的世界裡，這些規範會被用來分級與評斷我們的智慧、健康、身高、體重、慾望、愛，最終還有我們的價值。但正常一向都不是客觀真實的，也從來不曾將我們的好處或優點以客觀的方式量化。

正常不是人發現的，而是被有缺點、古怪、自私自利、種族歧視、身心障礙歧視、恐同、性別歧視的人類創造出來的。正常是統計學上的虛構想像，如此而已。知道這一點才能踏出第一步，奪回你界定自己、瞭解自己與愛自己的權力，接受原本的你，而非你應該成為的那個人。

第三章

# 異常

ab · nor · mal 異常的

形容詞：偏離正常或平常，往往屬於不受歡迎的情況。

ab · nor · mal · i · ty 異常

名詞：異常的特徵、特性或事件，通常屬於醫療性質。

由於幾乎所有人都試圖盡可能顯得「正常」，那些從社會標準看來明顯「異常」的人，便時時提醒著那些目前符合標準的人，他們有可能落到標準之外。

——蘇珊．溫德爾，《被拒絕的身體》

就在寫這封信給你們的同時，我之前所做的一場演說正在臉書上瘋傳，點閱數已經超過一千九百萬次。我談的是我在學校裡的掙扎過程，以及和正常有關的挑戰。我得承認，如此的反應讓我受寵若驚。其實我心裡明白，我的故事一定跟我一樣越來越老了；身為我的孩子，你們幾乎每天都很好心地點明這一點。

我們生活在多樣性的黃金年代，對吧？我想，如果現在我們都很特別，那麼我幾十年前在學校的經歷就會在某個時間點過時；那些只是八〇年代那段糟糕往日時光的故事，那是很久以前，當時大家都還在聽威豹合唱團的音樂，穿石洗牛仔褲，留鼠尾辮很酷，小孩子被分成「聰明」和「愚蠢」閱讀小組，正常至上。

怎樣，是不是很天真？

每天，在世界各地的各個社群裡，身上有差異的人都受到貶抑。看看資料就知道。包括聯合國世界報告在內的多項研究顯示，在世上任何一個少數族群中，有認知與身體差異者的生活成果最糟；其衡量標準是就業、薪資和教育程度。因為個人經驗，我對此有親身感受，但我也在讀到、親耳聽到的數萬個遭到羞辱、邊緣化和去人性化的故事當中得到體認。

這些故事雖不一樣，卻也都相同。無論是自閉症、腦性麻痺、失聰、視覺受損、閱讀障礙、憂鬱症、注意力不足過動症，以及介於這些之間的種種，都有一個共同的經驗，那就是差異被當成了異常與缺陷——在學校、職場、家庭和社群裡皆如此。由於這種認同、理解及對待差異的方式，帶有這些差異的人於是被剝奪了人性，成為受害者，遭到傷害。

哪場演說的影片上傳臉書之後，我收到的電子郵件和私訊比投入倡議運動這二十年來的任何時候都多。以下是數千則訊息當中的一則，來自一個名叫艾略特的英國男孩：

> 我是艾略特，住在英格蘭，今年九歲，我媽讓我寫信給你，希望這樣沒關係。我看了你的影片（媽媽說不行，不過我還是看了），讓我很難過也很開心。因為我剛發現我有嚴重的閱讀障礙，我目前四年級，我以為我什麼事都做不了，因為我的功課好爛，大家的表現都比我好很多。真的，就算我很努力，成績也永遠最後一名，所以我好難過。我只會美術和電腦，幾乎什麼書都沒辦法讀，因為我會頭昏腦脹。我告訴老師說我想當作家，因為我喜歡在我的電腦上寫故事，我寫的是一片想像中的土地，充滿各種有趣的大小動物和東西。可是她說我拼字不好，其實她說得也沒錯……我媽說我不是什麼都不會，但我覺得她說的都是好話，所以其實我不會一直相信她。:-) 我是廢物。

我在等學校永遠結束（我想是七年後），那樣我就永遠永遠不必讀書或學東西了。我也很討厭學校……你寫書的時候幾歲，有沒有人幫你檢查書上的拼字，寫書之後大家是不是就不再對你那麼壞了？你太忙沒空回信也沒關係，我知道你一定有很多事要做。九歲的艾略特敬上。

我們的世界怎麼還是這樣？像艾略特這樣顯然有許多優點的孩子，卻覺得自己是廢物？我這一生努力想瞭解，我們怎麼淪落到這般境地，人類的自然變異——伴隨著優點與缺點、能力與失能、好與壞的變異——竟然被認知為病態。

當然，因為正常需要這世上的「艾略特們」當墊底。正常一直都是靠不正常者的身體與生活支撐及建構而成的。要墊底，要成為正常的對立面，成為它的基礎，不僅要與正常不一樣，還要與正常相反，也就是異常，而異常是錯誤的。

正常雖不是事實，但不表示它沒被人用來剝奪有差異者的人性。不過，這不是非如此不可。就和正常一樣，異常也有一段歷史，不是發現、而是創造的歷史。在你們開創自己人生的過程中，你們得知道這段歷史，還有正常化的過程與系統是如何將人類之間的自然差異變成了應該接受診斷、分類，當然還要矯正的異常。你們是圓椿，我們大家都是，不管我多麼努力阻擋，你們還是無法避掉那些不斷要你們擠進方孔的訊息。[1]

•

三年級結束時，在我被正式診斷出有毛病之後幾天，我媽和我到曼哈頓海灘的比爾叔叔鬆餅店裡吃早餐。每當我需要蹺課讓自己好過一點，我們就會去那裡。那天早餐時，我媽和我看了我的學習問題報告，那是學校的心理醫師提出來的。

爆雷預告：那份文件裡沒什麼好消息。走出心理醫師辦公室那當下，我就知道測驗結果慘不忍睹，即使她說這測驗沒有正確答案（對了，這種話絕對是鬼扯）。當然，有些評估我想我搞砸了，不過在堆積木測驗倒是表現得很好。墨跡測驗我想結果還可以。我說第一張墨跡圖看起來像是學校失火了。第二張墨跡圖像是老師身上著火；第三張墨跡圖則像她——我故意停頓，好營造懸疑氣氛——像她身上著火。我等著她笑出來，可是她沒有。

接著就每下愈況了。有一項測驗是我得記住一連串數字，但同時會隨機出現各種聲

1 英文以 round peg in a square hole 形容格格不入，畢竟圓樁無法敲進方孔。

音干擾我，這實在很惡毒，而我也表現得很糟糕。我問她想不想知道辦公室窗外的鳥巢，她說不想。手寫與拼字測驗當然也是慘兮兮，因為我們都知道，當你不知道怎麼拼出一個字，你就會亂寫，好讓人看不懂。閱讀是壓垮心理醫師的最後一根稻草。我跟她說，我閉著眼睛也能讀，真的，因為我擅長背誦別人唸給我聽的東西。她不以為然。她說那不是閱讀，我回她：「誰說的？」

吃著巧克力豆藍莓鬆餅加鮮奶油和增量糖漿時（我那天就是想這樣搭配），我看著我媽努力想讀懂那份報告。一個完全不認識我的人用相當負面的語言在描述她的小孩，她的感受我只能用想像的。她大聲唸出許多內容——雖然我認為她不是故意的——因為她已滿腔怒火。「強納森有語言處理——什麼鬼東西——障礙。」「強納森有重度發音認知缺陷——根本沒有這種名詞。」「強納森有重度——他們以為自己算老幾——去抑制與自律缺乏症。」「強納森表現出不良的——我的天啊，我要殺了他們——執行功能。」她唸了大約十分鐘，直到餐廳經理客氣地請我們離開。

那天上午和我往後的人生，我媽都盡力反抗，不讓我被病態化。她常說，難帶的孩子會造就有趣的大人。不合格是優點。你們看看提摩西・李瑞的成就，他可是有閱讀障礙的。我媽認識的所有黑豹黨成員都有學習差異（如果你是個出身郊區的白人孩子，聽到這一點超有幫助的）。當然，她最喜歡的莫過於：我沒毛病，只是大器晚成。這一點她之前就說過，也會一而再、再而三地說。這句話是她從《阿虎開竅了》書中借來的。這本童書的內容是一隻老虎不會做其他動物會做的事。阿虎不會閱讀，不會寫字，不會好好吃東西。儘管有這些困難，阿虎還是成長茁壯。我媽唸這本書給我聽，直到我十八歲。

鬆餅好吃，她對學校的憤怒也情有可原，可是我知道真相：我不像我媽說的只是與眾不同。我有缺陷。我始終沒把整份報告看完，也不必看完。我懂。我有腦機能障礙。我不是不正常而已，那我可以接受；我是異常。不知怎麼地，雖然我當時不太確定為什麼，但我知道，異常是一種截然不同的狀況。

•

成為一個異常的人是什麼意思？身為一個問題是什麼意義？感覺如何？我欣賞的哲學家朗恩·馬隆認為，用來將人分類的那些項目，例如種族、性別、能力、障礙，都可捏造或發明出來，同時卻又是真實的，兼具「因果顯著性」以及「科學上的意義」。它們或許是被人發明出來的，但這些捏造的類別依然會影響人。人和「問題」交融之處可能會產生惡性循環，彼此反映、互相影響，直到兩者密不可分。

嚴格說來，異常性（abnormality）是不普遍或非典型的一樣東西（或人）。可是我們都知道，把某樣東西貼上異常的標籤絕對是負面的。「異常性」這個詞直接來自以疾病為基礎的醫療業，藉以描述不健康的事物或人。根據《牛津英文字典》的解釋，異常性是一種異常的特徵、特性或事件，通常出現在醫療領域。

將常人分出階級式的醫學差異類別，並非不可避免。在這種分類出現之前，人類差異就一直因其他方式受到阻擋。達爾文證明了所有演化都是受到變異的助長。在異常類別出現之前，具有認知與身體差異的人往往是被視為美好、古怪、傑出、非凡、奇特、不同、怪異、陌生、怪誕、可笑以及令人好奇的。根據研究失能歷史的學者亨利-賈克．史帝克的說法，在中世紀，有認知與身體差異的人「自然而然地屬於世界及社會的一部分，而大眾也都接受社會是具有多重面向的。」

是什麼改變了？

機率理論家、頭骨測量師和心理醫師，當這些將正常帶給大眾的人以二十世紀初的分級標準互為共謀時，差異就成了異常。正常出現了，它與科學的崛起肩並肩、手牽手，成了陳述與理解世界的工具。十八與十九世紀期間，生物學家創造了將自然世界分門別類的系統，天文學家繪製天空圖，地理學家繪製世界地圖，解剖學家則繪製人體構造圖。於是，正常潛伏在背景中，在這些圖表和系統裡畫出一條線，分隔出可接受與不可接受的部分——而我們都知道，不可接受的那部分就是異常。

正常與異常直接來自那十九世紀末與二十世紀初、名為人體計測（anthropometrics）的測量身體（後來則測量腦）的做法。人體計測以系統性的方式量測人體外在特徵，主要是描述身體尺寸與形狀。它是人類學早期的工具，用來瞭解人類的變異。我們已經在正常的歷史中認識了幾個人類計測的先行者。凱特勒整個「平均人」的概念就來自人類計測，諾瑪與諾曼則是利用二十世紀中蒐集到的廣泛人類計測資料創造出來的。還有高爾頓等人創立人體計測分支、專注於測量較為主觀的認知特性，例如智力、個性、心智能力以及性格的心理計量學（psychometrics）。

是這樣的：一如「平均人」概念的情況，人類計測和心理測量從來都不是蒐集資料、創設類別，然後就告一段落。測量人類的統計動作導致了常態分配曲線出現，曲線中央是好的，偏離中央的變異則不好。如此的二分法在二十世紀擴散到了科學社群，速度就像臉書上瘋傳的貓咪影片那麼快。包括人類學、醫學，以及後來新興的心理學和精神病學，各個科學領域開始將偏離常態的人類變異描述成*異常*。就像身心障礙者權利運動人士暨學者莎朗．史奈德和大衛．米契爾表示的，這不是一種「客觀」的人類變異性科學，而是對人類進行分類與排名、認為某些人在生物構造上較其他人優越的評斷性科學。

人類計測的先驅是體質人類學家。這些白人男子（想當然了）將重點放在人類頭骨上，這種做法叫顱骨測量法（craniometry）。他們從歐洲各地墳墓蒐集到數千顆頭骨，此外還讓上千人同意接受單調乏味的頭部測量。他們要找什麼？打從一開始，他們就著手想找出「種族」類型。體質人類學創始人及領導者之一保羅．布洛卡的研究就是最好的例子。他在蒐集與測量頭骨時，排除了「畸形」的人、小孩，以及不同的非白人種族。

布洛卡這麼做的原因是，如果納入這些人，「那麼就會犯下一個嚴重錯誤，因為考慮所有人就彷彿他們只構成一個群體。那也代表放棄尋找不同種族的顱骨特徵。」換句話說，他根本還沒開始，就先認為有不同的種族，然後（真不意外）發現顱骨大小證明了有不同種族。這種選擇上的偏見導致人類被分成不同族群，也造成各族群的非典型個人被排除在正常範圍之外。大膽猜猜看，他和其他大多數的體質人類學家提出的結論，認為哪些族群更為優越呢？答案是富有、教育程度高、體格健全的白種男性。

一八五〇年代，義大利出現一項名為「犯罪人類學」的學科，致力透過各種測量，找出在階級與種族上「具有社會危險性的人」。這項運動的領導人是切薩雷．龍布羅梭，他分析的項目無所不包，從下顎尺寸、鼻子形狀到掉髮情形都有。他做出結論指出，「凶殘男性與有色人種具有的許多特性，也經常出現在天生的罪犯身上。」如果你有興趣知道，他的測量與犯罪根本毫無關聯。

彷彿將某些族群貼上「天生罪犯」的標籤還不夠糟糕似的，心理計量學也出現了。這門「科學」——這裡用上引號絕對有正當理由——著重在量化與測量內在的主觀狀態，例如智商、個性以及性格。這個群體的創建者是法蘭西斯．高爾頓，稍後會更詳細地討論他，因為創立心理計量學還是這個人做過最無趣、最不可怕的事。你們要知道，他是達爾文的表弟，受到表哥的動物變異研究啟發，企圖將之套用到人類身上。

高爾頓不是最早測量人類的人，但就像克萊爾與史蒂芬斯所言，他「大幅擴張測量項目與測量對象的範圍」。高爾頓與學校合作，測量學生的視力與聽力，找全英國各地的家庭每天自我測量。他是最早發展心智測驗的人，項目包括反應時間、視力以及語言能力；他也在一項針對「遺傳天賦」的研究計畫中率先研究「智商」。高爾頓進行這些測量的目標是什麼？他自己說：「要幫全體人類的身體與心智評分。」猜猜看，不及格的是那些族群？我們這些異常的人。

相信你們注意到了，這種將人類測量、評分，進而進行評斷的新科學，不只創造出一種階級制度，也將這些分級類別裡的人病態化。病態化就是對一種特徵貼上疾病的標籤。隨著這個概念的引進，異常在十九世紀中期進入了醫學界。當時的醫生逐漸脫離了過去用水蛭與刺血針治病的悲慘歲月，社會地位提高，一部分是因為科學家發現了某些疾病的身體根源，而醫生技術的精進真的能救人，而不是殺人。

從十九世紀至今，醫學界將預防疾病與控制異常當作專業權力的來源，「精神病學」尤其如此。十九世紀中期至後期，現代精神醫學誕生，它將焦點放在人類行為上，包括行為的偏差及異常。當時類別的範圍已經擴大，稱為「症候群」，用來指稱像是廣場恐懼、幽閉恐懼、偷竊癖、暴露狂、內向，以及受虐狂等古怪行為。那也是同性戀首度在精神病學文獻中被視為病態症候群，也就是疾病。

十九世紀末與二十世紀初，正常／異常與醫學上的健康／不健康概念被人混為一談，藉此貶損某些人，指稱他們在生物層次上比較低等。這時，有些族群發現自己竟然成了某個病態類別的成員；比如在一九〇四年，在一份法國官方的國家報告中，就稱在學校裡表現不佳的學生（跟我一樣的孩子，只是說話口音比較酷）是「身體、智慧及道德異常的小孩」。同性戀打從人類開始偷溜進樹叢親熱以來就存在，但歐洲各地都宣稱那是一種「變態」，而且犯法。黑人也被貼上標籤，歸類為「次等人」，而逃離奴役的奴隸則被診斷為患有「漂泊癖」（drapetomania，這是當時一種臨床診斷，翻譯過來的意思是「逃脫奴隸狂」）。女性「經科學證明」在生理上較男性次等（持平而言，正常化派的人士是從《聖經》中得到這個觀念）。過往被視為遲緩或簡單的人，如今則被歸類為低能與不健全，而且在世界各地均遭到監禁。

這份長長的清單不斷延續，長到可說累贅。偏離鐘形曲線中間的所有人差不多都被歸類成有病與次等。差異變成了異常。正常被用來創造去人性的社會失格類別，而其依據是範圍狹小的可接受人類變異——它的總和是零，變異完全不被接受。這種以生物為基礎、拿科學佐證的歧視，將範圍廣泛的許多人都判定為不合格，對非典型的身體與心智造成龐大衝擊。變異性變成了殘障、異常以及病態。從這裡開始，這種醫學模式將成為社會在理解、處理與對待認知及身體差異上的基礎。這種醫學模式讓變異性成了疾病的同義詞，使得社會「問題」要從個人身上解決，而非那個人周遭的環境。

到現在，龐大的差異分類與病態化依舊存在。這很危險，因為這世上如果有什麼是我深切瞭解的，那就是將偏離常態界定成缺陷、失調或異常，等於是要開始將一個人變成該解決的問題和該治療的疾病了。儘管我很喜歡《阿虎開竅了》，但我知道，阿虎要是在G老師班上，牠就完蛋了。

潘尼坎普小學五〇三教室有許多綽號：智障教室、特教教室、特教校車停靠站、資源教室，以及特殊教室。我的老師叫G老師，她高高在上，就像一個高聳的權威象徵，在我眼中，她沒有臉、沒有過往，也沒有希望或夢想。我確定現實中的她三十五歲，有個家庭或一條狗，大多數時候感到迷惘，就跟我們大部分人一樣。假裝一下，直到成功為止呦，G老師。

在她班上第一天，她叫我坐下，評估了我的個人教育計畫（簡稱ＩＥＰ），那是有特殊教育背景的學生常有的一份文件。ＩＥＰ會是用來安排我學習課程的工具。可是別搞錯了——這文件其實是個監視檔案。蘇聯國安會和美國國安局無法取得這份ＩＥＰ。以下是記載在我檔案中的資料：過度活躍，注意力有時不集中；手寫能力差；語音知覺、子音混合音與拼字低於水準；執行功能不足；組織能力不良；說話問題。

那麼其他部分的我呢？

我們談過之後，我在五〇三教室看到其他小朋友。我們的眼神沒有交會。有些人和我一樣是新來的，有些不是。他們都有跟我一樣的檔案，差別在於偏離常態的種類，以及需要什麼樣的介入，但是有檔案這一點，我們都一樣。我在學校見過這些小朋友，也認識他們。史蒂芬留著平頭和一條辮子，他實在太想成功了，所以企圖抄襲我的功課。瑪麗很愛哭，發誓她用摸的就能知道顏色。班摸不到自己大部分的身體，因為他有老師說的腦性麻痺，說起話來好像在吸一根吸管，我以為他的腦袋壞掉了。還有胡立歐，大家都知道他就是壞。我很不好意思承認，這些小朋友有好多個我都叫過他們智障。特教校車乘客、阿空、怪胎、蠢蛋、白癡、傻瓜。可是，我這時也成了他們的一分子，所以我也用這些綽號稱呼自己；我們很多人都這麼叫自己，出於反抗，所以先下手為強，也因為我們知道那是真的。

那間教室、那份檔案、G老師、那些將人分類、再將無法融入的人集合起來的做法與政策，並非憑空出現。將人分類並沒有成為過往歷史，而是還停留在我們的現在，像玻璃碎片般折射、反射、戳刺著我們的日常生活——深深傷害我們當中的某些人。G老師和把我送進那間教室的其他人都不是壞人，如果是，事情還比較簡單；那當中要是有個壞蛋，傷痛還比較少。但這是一樁善意的罪行，一樁由關心別人的人所犯下的罪，他們每個人都在機構與系統裡各盡其職，而那個系統正來自至今依然存在的「某個地方」。

傅柯把進行病態化、企圖補救差異的文化系統與機構稱為「正常化社會」（normalizing society）。我知道你們可能已經聽膩了這傢伙的名字，但在我瞭解正常性的社會權力的過程中，傅柯這名字永遠聽不夠。比起其他學者，傅柯在展現正常帶有侵蝕性的文化力量上最是努力。在他的《規訓與懲罰》一書中，傅柯形容正常的出現是一種掌控「生命本身」的權力形式。各個社會都宣稱對身體有所要求——義務、限制及介入——但正常化社會對人的主張與要求卻不一樣。社會理論家尼可拉斯．羅斯稱之為生物政治（biopolitics），是一種新形態的社會權力，「我們越來越能控制、管理、設計、重新塑造，以及調整人類作為生物的重要能力；它關注的就是這種能力。」誠如社會學家暨殘疾理論家安．瓦爾德施密特在她開創性的文章〈誰正常？誰偏差？〉中寫道的：「在正常化社會中，社會控制的主要途徑是用由統計數據支持的比較性敘述，來陳述人民、其行為和特性。」而這種類型的社會，目的是要讓我們更相像，而非更不同。

正常化社會利用統計性的抽象正常概念作為規劃原則。學校、工廠、城市、鄉鎮，甚至家庭的設計與建造都不是為了配合當中有差異存在的現實，而是建立在我們有朝一日都能、也應該要變得相同的夢想上。學校是為處在鐘形曲線中間段的那些人而設計，異性戀核心家庭穩坐正常的大位，而建築、都市計劃、工業生產與產品設計均採用諾瑪

／諾曼式的身體理想概念在塑造我們的環境。

就像傅柯所寫的，人類在學校和職場上因為過去並不存在的類別而遭評斷：智商、注意力、粗心、遲到、缺席、任務中斷、疏忽、缺乏熱情、無禮、不服從、亂說話、亂比手勢、不愛乾淨——這些都是依據正常的概念發展出來的新標準，用以評斷人類行為。透過新的量化與控制系統，例如時間表、一排排的課桌、表格、數學圖表、排名小組、檔案以及大眾消費行銷，每個類別都受到追蹤、安排與強制施行。

在正常化社會中，學不會變得正常、或學不會至少看起來正常的人，都會成為需要修復的目標。歷史學家亨利-賈克·史帝克指出，在一次大戰之後突然出現大量的機構、政府系統以及民間部門，都是要讓「異常」恢復到一個「先前假定的正常狀態」。對與眾不同者來說，變得與他人相同的夢想成了一個得強制施行的現實。醫療介入行為開始激增，希望矯正非典型的身體與心智；為「低能」與其他人設計的新教學法也一一出現。法國及美國政府在二十世紀初成立「復健」部門。一九七五年，英、法、美的特殊教育誕生。

•

我想表明：特殊教育並不是像G老師那樣的中年教師為了強力施行正常，而在教師休息室喝著爛咖啡時醞釀出來的邪惡陰謀。特殊教育的出現是一項進步。在歷史上大部分時間裡，腦袋與身體有差異的人都不得受教育，也被認為無法學習。美國國家身心障礙協會的一份報告就指出，在聯邦特殊教育法通過之前，許多州都有法律將某些身心障礙類型的孩子明確排除在教育之外，當中包括盲聾兒童，以及有「情緒困擾」或「智能障礙」的孩子。比方說，在一九一九年的貝提控告安蒂戈市教育局一案中，威斯康辛州最高法院就判決，有身體殘障的學生若是因出現而造成其他學生沮喪或厭惡，那麼校方就可拒絕他們入學。根據同一份報告，即使到了一九七〇年代末，「美國的學校也只接受了五分之一的身心障礙學生。有超過一百萬名學生被排除在公立學校之外，另有三百五十萬人根本沒有上學。」

特殊教育在過去與現在都是一個大膽的構想，挑戰了長久以來哪些人有能力學習與成長的觀念。然而，特殊教育的方法、經驗與目標，可回溯到正常／異常被人用來將某些族群歸類為低等的那個歷史時刻。套句當時一名重要思想家的話，特殊教育「應該是一個篩網，那些不願意支持自己、不願意守法、不願意接受適當監督的人都無法通過，除非進入監護機構。應該制定相關規定來研究這些孩子，確保他們在離校進入職場前，進入身心障礙機構。」儘管特殊教育的源起是隔離與收容異常者，但是到了一九五〇年代，它的目標卻已經變成「矯正」身心障礙人士。二次大戰後，正常性的文化助長了一種矯正工業複合體的發展，後者試圖「修正」與「治癒」具有差異者，而不是幫助他們適應社會。

這些修復系統就跟特殊教育一樣，目的根本不是要在存有差異的現實周圍建立一個真實、有助益的世界。不是。史帝克寫道，「重新調整必須是為了去適應社會，因為社會是已建構的現狀。」這些系統的目的一直都是將人正常化，硬是要將格格不入的圓榫敲進方孔內。

•

在五〇三教室裡，我一旦成了那種有檔案的孩子，就變成一個必須被矯正的人。矯正項目包括我的手寫字——這無疑是在現代世界追求成功最需具備的能力。我的手寫矯正經驗遵循特殊教育課本上的最佳方法。首先，要糾正身體姿勢，身體和桌子之間必須保持兩根手指的距離，雙腳平踏在地，紙張必須跟寫字的手臂成四十五度，拇指與食指握住靠近筆尖處，中指應該彎曲在筆底下，筆則輕輕放在指尖和第一指關節間，無名指和小指應該朝掌心方向彎曲。

接著是字母。一如無數的手寫指導手冊上陳述的，外型類似的字母應該寫成同樣高度。例如小型字母（a、c、e、i、m、n、o、r、s、u、v、w、x、z）的大小應該是上行字母（b、d、h、k、l、t）與下行字母（g、j、p、q、y）的一半。大寫字母的高度應該與上行字母相近。一個單字當中各個字母的間距要一致，字與字之間也是。我用我的小指測量字與字之間的正確距離。練習時，我用手指摹寫每個字母。後來要是碰到教法比較進步、有跟上最新的策略性動感學習的老師，我就用舌頭摹寫字母。這些課程一天會占去我四十五分鐘左右，也讓老師有充分的時間在電腦上打報告。

我曾經有口吃，不過我沒跟多少人說過，到現在我還是不確定這是什麼障礙。我知道，現在還是會有人問我來自哪裡，是不是歐洲人。不過這情況主要是發生在中西部。我說R的時候會捲舌，聽起來好像出身自波士頓南區、然後被一群四處流浪的衝浪手在布魯克林養大似的。我覺得沒關係，但它需要積極介入才行。這在有人教我伸出舌頭之後才調整過來。我站在鏡子前說有R的繞口令好多次。有用嗎？到現在還是常有人問我是不是來自紐西蘭。

史金納[2]是我上過的許多學校的守護神。操作制約（operant conditioning）是一種行為矯正法，行為學家最早是將之用在鴿子身上，但一般偏好用它來進行人群控制。我在學校時，特殊教育可說是一張大型的貼紙蒐集卡，由前現代的代幣經濟主導。靜靜走進教室，獲得一枚代幣，乖乖坐好，獲得一枚代幣，清理課桌，獲得一枚代幣。說請和謝謝，獲得一枚代幣。表達有創意的想法，沒有代幣。此外還有金色小星星行為表。史蒂芬高居第一，他有二十顆金色小星星。莎莉有十五顆，雅各有十顆。我有一百顆小星星，不過全都是黑色的。

接下來是發音指導。發音課就像一項熱門的閱讀計畫說明的，有一組索引卡片，上面有個別的字母。老師拿一張卡片給我看，說：「這個字母唸 /eee/。跟我唸一遍。」我跟著老師唸 /eee/。她說：「現在你唸。」我唸 /eee/。相信我，實際上跟聽起來一樣好玩。

唸完卡片之後，老師說我會聽到兩個字，而兩者只有一個音不同。我的任務是分辨不同的那個音是開頭、中間還是尾音。老師說 cat/fat（貓／胖），map/mop（地圖／拖

2 史金納（B. F. Skinner）有操作制約之父之稱。

把），rap/rat（敲擊／老鼠）。我說它們押韻。錯。我說，貓可以拿拖把將胖老鼠從地圖上擦掉。錯。她叫我指出不同音素的位置。

我請她別再講拉丁文了。

她對我說：「聽好，我的小獅子喜歡唸出字裡面的音。『媽』（mom）裡面的音是/mmm/-/ooo/-/mmm/。跟我們一起唸『媽』裡面的音。」

我問她，她都抽什麼菸。

•

我的父母和許多老師盡全力反抗我的矯正。在小學，每週五是拼字測驗日，還真是結束一個星期的美妙方式！邁向拼字測驗日的每一天都是拼字矯正日，這樣度過一個星期還真是有趣。星期一是快閃卡；星期二是在沙子上畫字；星期三是用積木堆字；星期四是跳文字解釋舞；星期五總是拼字測驗不及格。

然而，某個星期五，我一如往常來到餐桌前準備吃早餐，桌上竟然沒有快閃卡、積木，或其他任何需要邊吃吐司餅乾早餐邊唸的教材。那一天，我媽和我蹺課去了動物園。在這第一個星期五之後，印象所及，我們幾乎每個星期五都那麼做。我今天之所以還活著，有部分就是因為那些翹課的星期五。

我爸爸也盡力了，雖然成果沒多好，但也該記上一筆。比起我媽，他的反抗更為辛苦。不知怎麼地，矯正文化後來又影響到他。他常吼我，要我更努力用功，或威脅說我中學會被退學。他改變了，不是嗎？所以我也應該改變。

如今我懂了。那些博士、醫生、評估測驗以及寫滿深奧科學字眼的教科書都告訴你，說你的孩子有毛病、問題和缺陷，接著再告訴你，你的職責就是治療他們：那實在難以反抗。它是一場科學客觀性的完美風暴。

我有很多老師同樣迷失在那場風暴中。但不是全部。三年級的某一天，R老師建議，因為我擅長說故事，我可以當作家。「作家，」我大笑，「我連拼字都不會。老師你是腦袋壞掉嗎？」

他的反應是「去他的拼字」。

可是大部分老師跟R老師不一樣。他們不是壞人，事實上，大多數都相反，他們大多是大好人，把自己的人生奉獻給孩子。他們不過是照教科書上的指示做事，如此而已。那個醫學模式依然存在，它將身心障礙定義為個人身體的一個特性，需要介入與矯正。

我因為這場完美風暴失去了自我感，因為我從一開始就知道，無論我媽怎麼說，我不是不一樣，而是有缺陷。

•

在以規範圓椿為目標的侵略性療法的漫長歷史中，我的矯正經驗只是再短暫不過的一剎那。史奈德與米契爾寫道，在正常化社會中，各種差異都變成必須消滅的缺陷與異常。以下只是幾個例子。從十九世紀至今，治療同性戀「異常」的療法包括子宮切除術、輸精管切除術、閹割、陰蒂切除術、化學去勢、灸燒外陰部、電擊、引吐藥、腦葉切除術、禱告，以及性傾向扭轉治療。

在我讀到的一個例子中，一個名叫邁可的男孩喜歡玩「女生」玩具。這一點讓他的父母很擔憂，於是他們帶孩子去看性別精神科醫生。醫生透過一面單向鏡觀察邁可，並要求他母親，如果孩子想玩不符性別的玩具，就置之不理。這些專家安排了一項在家中執行的行為修正計畫，當中包括邁可如果有不符性別的行為，他的父親就打他屁股。

以下是一九九〇年一名父親敘述他耳聾女兒接受的聽力治療：「語言和聽力診所訓練我要約束我女兒的思維。就像盤腿擺成蓮花座一樣，他們鼓勵我強行把她的耳聾思維改變成聽力正常的想法。我必須克制自己，不去認同她表達清楚訊息的動作，直到她發出聲音為止，任何聲音都好。我必須逼她戴上助聽器，不管她多麼不情願。正常聽力的思維迷人多了。」

在二十世紀，所謂的異常腦成了要透過腦葉切除術來矯正的目標，這種「手術」必須切斷腦部前額葉皮質裡的連結。一九五〇年代初期，一個名叫華特．費里曼的醫生就在美國各州之間旅行，到人家裡進行腦葉切除術。在一份關於這種手術的描述中，費里曼醫師請一名女病患將頭往後傾斜，接著他拿出冰鑿，只用一塊布簡單擦拭，雖後就將冰鑿刺進她的眼窩，進入她額葉下部。他攪了攪，抽出冰鑿，再用布擦一擦，戴上帽子，然後收費。從五〇年代起到六〇年代晚期，這個費里曼在二十三州動了三千四百三十九次腦葉切除術，儘管他根本沒受過正規的手術訓練。那些手術中，百分之六十的對象被診斷有精神問題，百分之四十則是同性戀。死亡率為百分之十四。

這些矯正手法即使在今天也仍在持續。我的朋友黛比有個女兒叫蘇，患有唐氏症。蘇出生後，俄亥俄州的一名社工去拜訪她，給了她一些「矯治」孩子的建議，包括計算她每天走路的步數；束縛她的身體；在孩子成長過程中提醒她，她有遺傳性疾病；別對她在學校和工作的表現抱太大期望；以及實行一項行為修正系統，包含抑制情感、身體接觸以及愛。

這些矯正故事表面上可能看似不同，但骨子裡的本質其實都一樣。你若是身上有異常之處，就不算完整的人，必須透過矯正和介入的傷害來達到正常。當一個人被歸為病態，就變得不如人類，接著，我們人類就會做出可怕的事。

•

所以，一直被迫要去適應方孔的圓椿最終會在何時斷裂？一九八八年十月，六年級的我開始抽離。我常覺得我彷彿在房間角落看著自己。我開始磨擦眉毛直到破皮，整天注意髮尾分岔，扯掉不規則的亂髮。我以為自己得了癌症，然後是愛滋病，因為我發現舌頭上有幾個白斑。那年稍早，一個老師——拜我當時都在抽離之賜，我不記得名字了——出了作業，要我們寫一個故事。我發現那是我的機會，能證明他們全都錯了。我想讓他們知道，我才不是只有說話問題、鬼畫符的字跡，以及胎兒等級的語音知覺而已。我會讓他們看見我是作家，而作家可不是笨蛋。

那天我回到家，坐下來，想辦法寫出所有在我腦海中迴蕩的影像、聲音和感覺。但是沒有用。我腦中大部分的字始終沒能躍上紙面，寫上去的字又擺錯位置。於是我採取向來的做法：加以簡化，只用我能找到、寫在房間裡的字。我寫下單音節、只有三個字的句子，連我糟糕的字跡都破壞不了的那種。我再次坐實了大家對我設下的低度期望，又成為他們口中所說的那種孩子。一個小時後，我媽進來房間。

「你在做什麼？」她問。

「寫故事。」我說。

她眼睛一亮，因為她知道我說得出那些故事，也認為這是我的機會。她看著我的紙，上面空空如也。

「怎麼了？」她問。

「我就是寫不出我腦袋裡想的東西。」我說。

「那就不要寫，」她說，「說給我聽。」

可以那樣嗎？

「你認為人類以前圍坐在營火邊，忘了可能會被滿口尖牙的老虎吃掉，到底是在幹嘛？人類會說故事。他們沒有寫下來，因為當時根本沒有鉛筆。你當然可以啊！」

於是我說了。我向她口述了一個長達十頁、關於亞瑟王和圓桌武士的故事。那是我的傑作。幾個星期後，在我交出那篇故事之後，校長來到我的教室，在我老師耳邊輕聲說了什麼。她的目光朝我看了過來，點點頭。老師慢慢走向我的課桌，說校長想見我。

「為什麼？」我問。

「要談談你的故事。」她說。

我跳下椅子，因為我知道校長之所以找我，是因為我寫了潘尼坎普小學史上最棒的故事。我會獲頒潘尼坎普作文獎，校門口還會掛上獎勵我的獎牌。我的故事就是那麼讚，我太優秀了。我對天發誓，走出教室之前，我還跟坐在前排的那個小朋友擊掌。

我到校長室時，我媽已經在那裡了。看來她也是被找來分享我的榮耀——我們的榮耀。我們一起證明他們錯了，他們要認錯了。遲來總比沒來好。我坐了下來。

「強納森，」校長說，「請告訴我們，你為什麼從別人那裡抄襲這個故事。」我媽看起來很難過。她連一句髒話都罵不出來，你就知道她有多難過。我嚇壞了。我們走出校長室，也永遠離開了那所學校。

那天下午回到家，我擬好計畫，寫好遺書。那不是什麼周詳的計畫，卻是我的。我拿了一杯水和一瓶阿斯匹靈。坐在那裡，什麼感覺也沒有。我打開燈，走到查理的籠子旁邊道別。我把牠從籠裡抓出來，說對不起。牠輕吻我的臉，說：「嗨，強，嗨，強，嗨，強，嗨，強，嗨，強。」我放下那瓶藥丸。我不能這樣對牠，也不能這樣對我媽。他們愛我，愛我這根圓椿，愛我本來的樣子。在那一刻，那樣就夠了。

我要你們知道，我認識的那些有身心差異的孩子，無論接受過特殊教育與否，大多都沒有因為矯正而受益。在任何少數族群裡，有身心差異者的畢業率最低、入獄率最高，失業率也最高。

這不是單一問題，而是系統性的問題。對非典型身心者的偏見在正常化文化當中十分常見。全美身心障礙權利網絡與政府的審計署就揭露了不少特殊教育虐待的案例：

密西根州一名十五歲的自閉症男孩在學校因身體受到束縛而死亡，四名校方人員壓住他的腹部長達六、七十分鐘，他的雙手被綁在背後，肩膀與雙腿也被壓制。四十五分鐘後，他已經沒有反應，但仍繼續受到束縛，最終呼吸停止。

加州有孩子被安置在一間「休息」室裡，即使有必要也不准上廁所。這些學生如果無法「憋住」，就只能坐在自己的尿液裡。

加州某個鄉村學區，一個有多重障礙的十歲聾啞男孩被綁在輪椅上，單獨留置在停車場的校車裡好幾個小時，而且如此情況發生過兩次。他的手腕被人用從安全背心上拆下來的帶子綁在輪椅扶手上，雙腳腳踝以魔鬼氈束帶捆住。他的母親某次沒有事先約時間就來到學校，結果勃然大怒，因為她發現孩子竟然獨自被困在校車輪椅上，無人陪伴。

加州一名教師助理拖行患有唐氏症的九歲男孩走過遊樂場，造成學生下背部嚴重擦傷，臀部上半部則需治療。

一名行為導師企圖壓制一個患有躁鬱症和自閉症的男孩時，折斷了他的手臂。根據急診室人員的說法，男孩的「右上臂出現螺旋骨折」。校車助理帶他去參加課後輔導，前者告訴警方他在車上從頭哭到尾。

北卡羅萊納州有精神疾病的孩子被老師用膠帶綁在椅子上，鎖進衣櫃。

美國百分之四十一的州沒有訂立在校內進行束縛或隔離的相關法律或指導原則。百分之九十的州允許學校束縛學生的身體。

與一般學生相比，身心障礙學生遭到體罰的比例特別高。

類似情況更不只出現在特殊教育上。魯德曼家族基金會的一份報告指出，警方槍擊案例中有一半都涉及身心差異者。心智障礙的婦女遭受性暴力或性侵的比例是一般婦女的二十二倍。像是智障、白癡以及低能等將人類分級的「診斷性」名詞，在流行文化中相當普遍，大眾常不經意地使用。此外，身心障礙者實質上較一般人更容易失業，也更可能淪為虐待與仇恨犯罪的受害者。

這是悲劇的證據嗎？不是，是罪行的證據。

我爸媽、史蒂芬、艾略特、我，還有其他數百萬人都困在一個龐大的正常化系統循環當中。諷刺的是（或許並不諷刺），這個系統對我們而言已經成為了正常，滲入我們文化的中心。我們比以往更明白系統性的性別主義與種族主義的長期影響，可是，我們徹底瞭解、而且譴責系統性健全主義的影響了嗎？我們甚至有這麼稱呼它嗎？我可不認為。在二〇〇一年的嘉瑞特控告阿拉巴馬大學董事會一案中，美國最高法院判決，並沒有系統性歧視身心障礙人士的歷史。這個判決無視從一八八〇年代開始、延續到一九七〇年代的事實，那就是全美有數百座城市採行了所謂的醜陋法（ugly laws），明確禁止許多有身體差異的人出現在公共場所。

這是芝加哥的規定：「任何生病、殘疾、四肢殘缺者，或具任何畸形而近似不雅或噁心之物品，或是不適合出現在本市之街道、公路、幹道或公共場所者，不得出現在公眾視野，違者每次處以一美元以下之罰鍰。」

就像社會學家比爾·休斯所寫的，身心差異者的生活受到某種程度的監督，因此已受到前所未見的摧殘與貶抑：他們被醫學病態化，擺進「特殊」的空間。在運作起來的正常系統中，沒有人能夠不被常態化。正常當然是透過鎮壓異常來強力施行，但殘障者作為一個社會類別，隔絕了人類的不完美，並加以「治療」，更申明了所有身心都能夠、也應該一樣的幻想。

你若是異常者，就等於被告知你不該當原本的你。建立常態就代表順從於正常。我們持續這樣對待所有與專斷的正常標準不相符的人：透過強迫，把你們變成與原本不同的東西或人。

# 第四章

# 強迫正常

他們冤枉我了。他們冤枉我們大家了。

——凱莉・巴克，維吉尼亞州癲癇與弱智療養院一六九二號病患

因為那是相當可想像的……未來有那麼一天，高度組織化與機械化的人類將以相當民主的方式斷定……對整體人類而言，消滅某些部分的人會比較好。

——漢娜・鄂蘭，《極權主義的起源》

二〇一〇年秋天，我為威廉斯氏症協會發表了一場專題演說。威廉斯氏症是一種基因症狀，特徵涵蓋了幾種醫療問題，包括心血管疾病、發展遲緩，以及學習障礙。這些症狀常伴隨有特出的語言能力，不久後我也發現，還有擅長社交與熱情的個性。

有威廉斯症的蜜雪兒和她父親比爾在報到處和我碰面。「你是史上最棒的作家和最

棒的演說家。我們愛你！」年輕的蜜雪兒這麼大喊的同時，也給了我一個熊抱。比爾和我握手，說：「如果這裡的聽眾沒有起立為你鼓掌，那你就真的遜斃了！」

我們共進午餐，我也藉機瞭解了蜜雪兒和威廉斯氏症共存的生活。她在家鄉的一間小型女裝店當店員（「這份工作最讚了！」），與父母同住（「我好愛好愛好愛他們！」），有一個男朋友（「我們會永遠在一起」）。蜜雪兒患有可能會危及性命的心血管疾病，還有認知方面的問題，像是空間關係、數字運用以及抽象推理。她很可能永遠無法獨自生活。但是她很快樂，比爾也是。威廉斯氏症協會指出，像蜜雪兒這種孩子的父母，有超過百分之九十五都表示威廉斯氏症的孩子為他們帶來的喜悅與視野超乎想像。

午餐過後，他們陪我去參加歡迎演說者的派對。通常，這種場合無聊到爆，但這場不一樣。如果你沒參加過有五百名威廉斯氏症者的派對，那麼你等於沒活過。威廉斯氏症者的聚會就像同時結合了搖滾演唱會（他們熱愛音樂）、燒人祭、銳舞派對，以及嗑了搖頭丸的米奇妙妙屋[1]於一體。那絕對是我見過最棒、最開心的派對。當我不得不離開時，蜜雪兒給了我最後一個長長的擁抱。比爾看起來很難過，我問他怎麼回事，他跟我說了幾個讓威廉斯氏症圈子深感憂慮的趨勢。主流醫學對威廉斯氏症的看法相當負面；胎兒若是被「診斷」為有威廉斯氏症，超過九成五的孕婦會中止懷孕，而威廉斯氏症也被一些遺傳協會認定為是一種透過遺傳工程「可治癒」的病症。比爾指著人群說：「他們可能是瀕危物種。」

不要自欺欺人——就因為正常不是事實，並不代表它沒被當成事實來利用。矯正差異永遠都是為了消滅差異。

•

我稍微提過在個別的暴力案例中，差異遭到破壞的黑暗面。從二十世紀初開始，更黑暗、更系統性的東西出現了，那就是旨在消滅人類腦部與身體差異的運動——優生學。要不是這個名詞如此邪惡，不然，用來當成幼稚園的名字應該很不錯。

儘管範圍龐大，歷史複雜，但優生學的目的很簡單：消除世上有缺陷的人。我知道這聽起來可能很誇張——因為這項運動並沒有廣泛得到它應有的理解及應受的譴責。雖

1 火人祭（Burning Man）是美國內華達州沙漠中每年舉行的一場大型藝術祭活動。米奇妙妙屋（Mickey Mouse fun house）則是以學齡前兒童為訴求對象的迪士尼電視動畫。

然優生學運動尚未完全被納為迫害少數族群的罪行，但它的確是一項罪行，而我們需要知道優生學的歷史，因為它不只存在於過往。

請做好準備，你們將看到一些看似是從《一九八四》中刪掉的故事，還有在臨床上很陰險的字眼，例如缺陷和弱智。大多數的優生學家都能兼差當反烏托邦小說家。由於優生學的根基裡帶有某種怪異性，它已經毫不起眼地存在了很長一段時間。

優生學運動與十九及二十世紀的人類特性大分類有關，當時，統計學家忙著計算人類的常態與平均數，心理治療師與醫師則在診斷、治療落在鐘形曲線「錯誤」那一邊的人。那段期間，達爾文也徹底改變了世人對於人類起源的理解。他主張演化的動力是得自遺傳的特性，而這些特性又是經過漫長的時間、從證明對物種生存有利的「突變」中選擇而來的。這是人類差異歷史上一個重大的交叉點，因為達爾文本身對突變的概念抱持著不置可否的態度——突變可能是好，也可能是壞，端視結果而定——並且相信人類的變異是演化的驅動力。少了一些怪異的突變斑馬，有長長的脖子可去吃樹上的樹葉，我們就不會有長頸鹿；少了無法靜靜坐好的人，我們就不會有加州；少了某些腦部突變到比「正常」人猿的腦更大的異常人猿，就不會有人類。

誠如我們所見，對於變異、突變和差異，不是每個人都會以正面看待，甚或不置可否。達爾文的演化論是由遺傳特性所驅動，但分類者卻對此進行扭曲，主張特性若是遺傳的，那麼若是有一群人因為遺傳特性而表現不佳，就必須排除掉這些人。這正是發起優生學運動的知識分子赫伯·史賓塞的主張。根據維基百科的資料，史賓塞是「維多利亞時期的英國哲學家、生物學家、人類學家、社會學家，以及重要的政治理論家」。這資料漏了一點，史賓塞也是一個徹底的混蛋。他扭曲了達爾文的演化論，稱之為「適者生存」，利用這個概念鼓吹能達成「社會達爾文主義」的政策與法律。講白了，史賓塞認為「所有的不完美都必須消失」。

諷刺的是，最重要的優生學家裡有不少人都極其奇特和怪異，恰好就是他們想消滅的那種人。我們之前見識過這種矛盾，接下來還會再看到。其實現在就會看到：首創「優生學」一詞的高爾頓就是典型的自我憎恨者。我先前提過，高爾頓是達爾文的表弟，他一開始是當醫生，而後離開醫界，轉往新興的統計學領域。這傢伙對計算超級沉迷，他有一句座右銘，我還考慮把它印在T恤上：「隨時隨地，能算就算。」他確實也像著魔般地在計算著。他算過在他演說時坐立不安的聽眾、浴缸裡波浪的數目，還有街上大胸部的女人（「我用各種方式進行調查，然後有空時將結果製成表格」）。

高爾頓的執迷剛好出現在歷史上的恰當時機。當時，統計學這個研究領域正快速成長，高爾頓於是跳了進去。他成為專家，專注於人類特性的變異性，還將凱特勒的圖表更名為「常態曲線」。高爾頓利用常態曲線整理他觀察到的遺傳模式，指出他認為可改善的區域。他把這股對於計算與遺傳特性的熱情應用在一項名為「遺傳天賦」的智商研究上。他研究智商與創造力等特性在特定的家族之內如何代代相傳。（爆雷警告：他的結論是，喜歡計算的英國白種男人很聰明。）高爾頓曾在一封信的末尾寫了一個後來衝擊了整個世界的反問句，但它終究不只是修辭上的說法：「難道不能消滅不受歡迎的人，讓受歡迎的人增加嗎？」

我討厭骨子裡其實是聲明的反問句。這位計算哥，你也幫幫忙，你就不能直接說出想法嗎？高爾頓最後果然有話直說，開始呼籲應用如今稱為遺傳學的新興科學，積極改善人類。他稱之為「eugenics—優生學」，這個字結合了希臘文的「優」與「生」。

高爾頓並未直接深入日後演變成優生學運動的那個黑暗核心。他強調的只有「正面優生學」——這算是一種矛盾修辭——那就是鼓勵優生者多上床，一個可讓鐘形曲線對的那部分更趨完美的方法！高爾頓提出「策略性交媾」、「優生配對」、鼓勵「優良生育」的婚姻法，以及可供出身良好的人相互結識、生育更多同類的「社交俱樂部」。

真希望優生學的故事到此為止，結局是高爾頓在維多利亞時期的交換伴侶俱樂部裡數奶就好，那麼我們都能開懷大笑，解散。可惜這不是故事的句點，根本還差得遠。高爾頓創造的這個名詞廣受歡迎，它的邏輯被人應用在常態分布曲線的另一端。別管對的人要不要上床，我們來處理那些不完美吧。

負面優生學（這個名稱後來才出現）如何成為運動的焦點，一方面說來複雜，當中牽涉到許多不同的科學領域與觀點，全都發生在一個龐大的社會失序脈絡之內；但是，另一方面，它又根本完全不複雜。我們在權勢等級裡喜歡有人位居我們底下。因此，將人類分成各種缺陷類別為優生學家提供了完美的目標：異常者與有缺陷者。

說實在的，史賓塞與高爾頓大多只是說說而已。別忘了，他們可是英國人。作為一項運動，優生學主要都是紙上談兵，直到它傳進了美國。美國人不愛光說不練，我們喜歡付諸行動。講到執行優生學，美國人還真的動手去做，而這方面的靈魂人物就是查爾斯．戴文波特。戴文波特沒有創建美國優生學——這觀念當時已在二十世紀初的美國種族主義、反移民情緒以及都市化的熱潮中慢慢醞釀起來了（一八九〇至一九二〇年之間，有一千八百萬人抵達這個新國度）——但戴文波特是領導人物。

那麼，這個戴文波特是誰？戴文波特的血統十分優秀，好比達爾文在優生學性愛俱樂部碰上高大魁梧的聖奧古斯丁會修士、現代遺傳學創建者孟德爾，兩人懷上了戴文波特，高爾頓則在一旁的角落「計算」。戴文波特是卓越的生物學家、哈佛大學生物系系主任，經常在當時最受敬重的科學期刊上發表論文。

開玩笑的。

戴文波特其實是個動物學家，是布魯克林藝術與科學研究所的生物實驗室主任，那地方位在長島冷泉港，得搭上一個多小時的火車和馬車，深入荒野才能抵達。那地方可不是長島的哈佛。戴文波特的研究對象有澳洲海洋鼠婦、牡蠣，以及美洲擬鰈，我們都知道這些生物與人類「真的」非常相似，所以他絕對有資格評斷人類呢。

戴文波特在研究過程中無意間發現高爾頓的理論，成了超級鐵粉，甚至設法想在倫敦跟他見面。可是因為他缺乏科學領域的資歷和社會階級，高爾頓一再拒絕。戴文波特也是公開的種族主義者，這是優生學家的特點。他相信遺傳的法則可用來讓格格不入者「消失」。他的訴求是「我們需要更多原生質」（protoplasm）。他其實沒解釋原生質是什麼，我到現在還是不知道他是什麼意思。我想，他只是認為相較於「我們需要更多正常白人」，原生質這個口號比較好聽。

戴文波特的大突破出現在一九〇二年，也就是安德魯・卡內基出售他的鋼鐵公司、成立卡內基研究所（後來更名為華盛頓卡內基研究所）的那一年。這是當時同類型的慈善機構當中規模最大的，後來成為世界上最主要的科學研究組織之一。卡內基研究所成立之後不到幾個月，戴文波特就請求該組織出資贊助冷泉港的一座「生物實驗站」。表面上，他的提案是研究演化，但魔鬼就藏在細節裡。好吧，其實他藏得也沒那麼好，提案上寫道：「本站的目標是進行……種族改變的分析與實際研究」以及「人類的優化應該只能藉由瞭解與應用這些方法實現」。

獲得贊助後，戴文波特在冷泉港成立了優生學紀錄辦公室。這實在諷刺，因為卡內基其實是蘇格蘭移民，初到美國時幾乎不識字，絕對可以名列優生學缺陷名單。撇開諷刺的地方不談，一個由資格不符的男人在長島偏遠港口經營的優生學紀錄辦公室，日後竟成了優生學運動的中心，規模擴大後甚至納入美國優生學學會等相關組織。支持這個單位的不只卡內基研究所，還有美國慈善界、產業界、學術圈及政府的重量級單位，包括洛克斐勒基金會、哈里曼家族（美國第三大富豪家族）、哈佛、普林斯頓、耶魯、史丹佛、美國醫學會、美國遺傳學會，以及美國國務院。

透過優生學紀錄辦公室，戴文波特等人有多年時間可將遺傳學與優生學理論緩緩濃縮成一個容易理解的簡單訊息：有缺陷的人正在摧毀這個世界，而遺傳科學已證明，情況未必非得朝那個方向發展不可，所以身心有缺陷者必須消失。

調查記者艾德溫·布雷克指出，這個辦公室的公開宗旨變成了「登記全體美國人的遺傳背景，區分出有缺陷的血統與優良的世系。」然而，優生學紀錄辦公室不只是研究機構，也是一場圍捕行動的指揮中心。戴文波特就在那裡領導一場獵捕「異常者」、「弱智者」、「格格不入者」以及「有缺陷者」的全國行動。或者就像他感覺自己就像歐威爾小說中的人物時所稱的，圍捕「在全國各地湧現的人類原生質失常者」。一批田野工作者前往全國各地，想找出他們所謂的常態曲線「水面底下的十分之一」。

這些有缺陷的人是誰？一名優生學家相信「異常的孩子就是任何事物對其生活與社會常規的關係造成負面影響，因而受苦的那些人。」哇，範圍還真廣，但超科學的。我的意思是，他們用了響亮的字眼，所以一定是對的。我懂我懂。還有誰呢？口吃者、窮人、英語為第二語言的人、啞巴、有偏頭痛的人、因腦部缺氧而暫時昏厥的人、有因環境造成的疾病（例如肺結核）的人、任何有先天性疾病（例如馬蹄內翻足）者、聾盲或有閱讀障礙者、唐氏症患者、癲癇患者、憂鬱症患者、思覺失調症患者、酗酒者、移民、失業者、孤兒，以及在公立學校系統中表現不佳的孩子。

為了找出「我們當中有缺陷的人」（又是朗朗上口的一句話），戴文波特與其他優生學家建立了一個全國性的監視網絡，蒐集來自慈善組織、四十二家弱智機構、一百一十五所聾啞學校、三百五十家精神病院、一千兩百間難民收容所、一千三百座監獄、一千五百家醫院、兩千五百間貧民救濟院，以及一千多所學校的數千筆紀錄，舉辦超過一百場的優秀家庭競賽。這是什麼競賽？你不妨把它想成是州博覽會上的家畜比賽，只不過參加者是人：參賽者繳交一份「家庭特性簡要紀錄」，會由一批醫師再對家庭成員進行精神與身體檢查。每位家庭成員會收到一份優生健康的整體評分表，平均分數最高的家庭會獲頒銀質獎盃。所有成績在B+以上的參賽者都可獲得銅牌，上面刻了「耶，我有優良血統」字樣。如果你沒有優良血統？那麼，你和爸媽會被扔進脫穀機裡，再拿去餵得了獎的優良豬公。

最後一句話是開玩笑的。不過，這件事可不是開玩笑。

如果沒通過測驗，他們確實為你們安排好了一項計畫。雖然沒有抓人去餵豬，但這計畫是真的，就名為「斷絕美國人口缺陷種質之最佳實行辦法」。這份反烏托邦文學的「傑作」有十八項做法，用以斷絕上述的種質（germ plasm）。其中有些是正面優生學美好的過往時期遺留下來的，例如多重伴侶與策略性交媾，但絕大多數都屬於極其苛刻的負面優生學：禁止「非優生」婚姻，還有監禁、絕育，以及消滅有缺陷者。

持平而言，關於婚姻的那項做法對這批社會遠見家來說其實容易達成。康乃狄克州在一八九五年禁止非優生婚姻，誠如記者亞當．柯恩所寫的，違法結婚的當事人可判刑三年，協助此類婚姻者則可判刑五年。到了一九三〇年，全美已有四十一州有類似的禁令。

清單上的下一項：把他們關起來。以下是他們說的，不是我：「我們可將所有弱智者集中，讓他們在那裡感到無比快樂。」另一個人將計畫中監禁的部分形容為「在最快樂的情況下永久隔離」，這聽起來就像一家贈送反烏托邦幸運餅乾的性虐待俱樂部。到了一九一四年，全美有三十六州設置了弱智收容機構，其餘的州則有某種管理弱智人口的系統。史奈德與米契爾指出，一九二三年，被視為「弱智」的人口中有六成遭到監禁，到了一九三九年，比例更增加到百分之七十四。社會學家詹姆斯．崔倫特在《發明弱智》一書中表示，美國的大型公立弱智者收容機構在一九六七年達到高峰，收容了將近二十萬零三百名弱智人士，而且還獲得地方、州與聯邦政府的全力支持。

持平而論，我們的優生學家朋友們也不是每個都是激進、誇大其詞、喜歡把人關起來的暴君。他們很多人腦子裡想的只有「缺陷者」的最佳利益。比方說，美國最大收容所之一的所長馬丁．巴爾就只想謀求「異常者」的最佳利益，認為永久隔離未必是壞事。他認為，異常者應該有一座自己的島嶼：「難道就不能找到一個永久的移居地——可以是在一座剛取得的島上，大西洋上的無人陸地，或是在偏遠的西部，在適當的管理下，成為一個真正不必承擔責任的避難所。」這些移居地會像烏托邦，有缺陷者在當中「可確保擁有自由——隨時接受小心的指導與監督——享有快樂。」

然而，這些機構才不是烏托邦。有一名父親描述他到麻州一座叫作貝爾徹敦的機構探望他兒子的情形。他看見「裸體的病患身上沾有尿液、糞便和食物，床單上黏著嘔吐物，」以及「幾個無助的重度智障者躺在有圍欄的床上，有蛆鑽進、爬出他們受感染的耳朵。」一名州政府官員約瑟夫·陶洛奉命去調查貝爾徹敦，他在突襲造訪該機構後證實了那名父親的說法，並且補充說他看到「一個小女孩在喝滿是糞便的便盆裡的水」。

那是一九七一年。

•

雖然對島嶼移居地談得煞有介事，但優生學運動真正的重點從頭到尾都是要消滅異常者。別光聽我說，聽聽他們自己的說法，那些就寫在我先前提到的刊物《斷絕美國人口缺陷種質之最佳實行辦法》裡。

這項計畫洋洋灑灑提出十八項「消滅」有缺陷種質的辦法。隔離與收容通常是首選的消滅辦法；北卡羅萊納州某所啟智學校的校長就這麼說過：「本校的最終目標，是藉由隔離來消滅人類的弱智者。」這是他年度報告的標題。他和其他人表現得非常稱職。一名記者稱這些機構「以疏忽的手段執行安樂死」。伊利諾州的一所機構有一成病患在入住後兩個月內死亡，某些地方的死亡率甚至高達四成。根據艾德溫·布雷克的研究，在一九九〇年代被視為弱智者的平均壽命為六十六點二歲。在二十世紀中期，也就是優生學運動的全盛時期，是十八點五歲。

透過隔離手段達到消滅的目的雖然有效，但速度緩慢又所費不貲。因此，在一九一四年一月，優生學運動提出了一個嶄新的大膽構想：從根本防止有缺陷者出生。他們選擇了史上第一場全國種族改良研討會來做這項重大宣示。這是美國史上規模最大的優生學研討會，共有四百名代表與數千名一般民眾參加，情況踴躍到不得不將某些人排拒在外。對全家都正常的家庭來說，那是非常好玩的。現場活動包括精神與身體完美競賽，讓嬰兒接受智力測驗。在那裡，優生學紀錄辦公室的第二把交椅哈利·勞夫林——順帶一提，他是癲癇症患者，優生學最希望消滅的差異之一——報告了優生學運動的未來，分享「一項絕育提案計畫的發展前景」。

撇開尷尬的優生學言論不談，這再明顯不過：優生學運動此時將注意力轉移到了讓異常者絕育上。這並非首度有人提出讓有缺陷者絕育的計劃。一八九四年，堪薩斯州的皮爾徹醫師是現代第一位採用去勢作為避孕手段的人，也讓「堪薩斯州怎麼了」[2]有了全新的定義。他在擔任堪薩斯州啟智之家院長時，為五十八個孩子做了去勢手術。此舉完全違法，但他的長官為他辯護說：「現在批評皮爾徹醫師的那些人，幾年後將會討論要豎立紀念碑來紀念他。」用「豎立」這個字眼實在不太妥當[3]。全國啟智機構協會讚揚他「勇氣可嘉」。

然而，勞夫林的計畫比堪薩斯那個拿著去勢屠刀的虐待狂醫生要來得嚴謹且有系統多了。勞夫林的計畫包括一項原型絕育法，為表態要進行絕育計畫的州提供了一個符合憲法的範本。這項絕育的法律不僅針對「有缺陷者」，還包括「不適社會者」，其定義是任何「無論病因或預後，與正常人相較之下、本身長期無法在有序的社會生活中作為一名有用成員」的人。這個計畫也包含一項延伸策略，納入各類能夠找出不適應社會者

2 「堪薩斯州怎麼了」最早是十九世紀末美國一篇報紙社論的標題，作者威廉・亞倫・懷特（William Allen White）批評總統候選人威廉・詹寧斯・布萊恩（William Jennings Bryan）提出的政見。後來常被人們用來批評保守勢力。

3 豎立的英文 erecting 也是勃起的意思。

的機構。驗光業的領導人就擬定了一項計畫，希望登記、集中與強制絕育每個患有遺傳性眼盲及其他視覺障礙的美國人及其所有親戚。小兒科醫師也加入這項運動，對嬰兒進行篩檢及智商測驗。從學校至手術台的一條龍作業系統於焉成形，透過與全國各地超過一千所公立學校的廣泛合作，它們致力要找出有障礙的學生和其他「有缺陷者」，再將他們轉交給收容「弱智者」的特殊機構。

總計有超過一千五百萬人成了可接受絕育手術的人選。

這項計畫大獲成功，甚至出現了一首廣為流傳的優生學詩紀念它：

噢，你們這些智者們，扛起重任
以此作為你們最重要的信念，
立即為不適者絕育——
他們都不適合繁衍下一代。

第一項絕育法於一九〇七年在印第安納州通過，最後共有其他三十二州通過類似的法律。光是從一九二五到一九二七年，美國就進行了大約三千次的非自願絕育手術，而且往往完全罔顧「病人」的福祉。在維吉尼亞州遭到強迫絕育的男子巴克．史密斯表示：「他們給我吃了幾顆藥讓我昏昏欲睡，接著把我推上手術台。那個醫生說：『巴克，我必須把你的輸精管綁起來，然後你應該就能回家了。』」巴克親眼目睹手術過程。醫生捏著他的陰囊，劃開一個小切口。「我看著整個過程進行，從頭到尾都是清醒的。」那樣絕對是違法的，對吧？優生學運動早就準備好面對這樣的指控，擬妥了一項計畫，測試（並希望證明）強制絕育的合憲性。他們相信，如果最高法院判決絕育合法，那麼這項做法就會擴及全美。

一九二七年，優生學運動的機會來了，那是維吉尼亞州癲癇與弱智療養院一六九二號病患凱莉．巴克的絕育手術。這間療養院位在林奇堡附近，是全美最大的同類型療養院，也是該州最大的絕育手術中心。凱莉發現自己住進療養院的原因跟其他人一樣——貧窮，被視為「沒受過教育」，而且因為未婚卻生有一個女兒，也被視為「有道德缺陷」。她的母親艾瑪也是療養院裡的病患。這個家庭的歷史簡直是優生學家的夢想，因為他們認為這證明了凱莉的缺陷乃是遺傳而來，因此可透過絕育來防止擴散。讓優生學家高興不已的是，凱莉不但「有缺陷」，而且他們相信她女兒薇薇安也一樣。凱莉．巴克是優生學在最高法院這場棋局中一顆完美的棋子。

一九二七年十月十九日，凱莉做了絕育手術，那次手術嚴格遵守勞夫林研擬的原型絕育法。後來，療養院的前法律顧問代表凱莉將院方告上法庭。舞台已經為優生學運動架好了，他們能獲得他們想要的判決，證明替有缺陷者絕育是符合憲法的。凱莉．巴克絕育的合法性，追根究柢要看一名社工對她三歲女兒的評估。以下是法庭的文字紀錄：

法官：你對這個孩子有印象嗎？

社工：要判斷她這麼小的孩子的未來並不容易，不過她似乎不太像一個正常寶寶。

法官：你判斷這孩子不是一個正常寶寶？

社工：她看起來不是相當正常，但我說不出來是什麼。

薇薇安就這樣被認定和她母親及外婆一樣有缺陷。凱莉的案子最後打到美國最高法院，也就是巴克控告貝爾案。一九二七年春天，法院判決凱莉．巴克的絕育合憲。撰寫主要意見書的是奧利佛．溫德爾．荷姆斯，他主張州政府有權對美國公民進行非自願絕育手術。荷姆斯意見的下一段簡直可當成優生學宣言的前言：「如此對全世界比較好，與其等著處決犯罪的墮落後代，或讓他們因低能而挨餓，社會能防止顯然不適於社會者延續同類。三代低能就夠了。」在最高法院判決出爐之後，絕育的比率飆升，有將近七千人接受了絕育手術。要是你有興趣知道，薇薇安後來成了一名資優生。

•

美國最高法院判決州政府有權透過絕育手段，消滅各種型式的差異。這還不是最糟糕的狀況嗎？很不幸，還不是。打從一開始，優生學運動的宗旨就是要消滅異常者。他們從沒隱瞞這個事實：「如果能殺死有缺陷者，會是一項善意及對國家的保護之舉。」這句話來自他們的官方刊物《機構季刊》。

那何不殺了他們？其實那就在計畫裡。《斷絕美國人口缺陷種質之最佳實行辦法》的第八點就是對被視為無價值者施行安樂死或「無痛殺害」。不是我愛嘮叨，但那可不是安樂死：安樂死一詞通常是指結束罹患絕症之人或動物的生命。它是謀殺。

殺死有缺陷者最終的發展方向你們早已知道了：好萊塢。對，一九一七年，優生學運動有了屬於自己的電影《黑色送子鳥》。這部電影描述一對在優生學上不匹配的夫妻被告知不能生孩子，因為他們可能有缺陷。夫妻倆無視警告，生出一個「有缺陷的小孩」，然後讓他死亡。這電影是根據芝加哥德美醫院外科主任哈利・海塞爾登的人生與工作經歷改編而成。海塞爾登為了「優生學」的理由殺嬰。海塞爾登不解開新生兒的臍帶，讓新生兒失血過多而死，也為嬰兒注射鴉片。在一趟優生學演說之旅的期間，這名醫師在沒看過病患的情況下，就透過跨國電報指示部屬該殺掉哪些嬰兒。他在《黑色送子鳥》中飾演自己。首映當天，這部電影在芝加哥放映一整天，從上午九點到晚上十點，更在全美各地的電影院上映超過十年。它的宣傳標語是：「殺死有缺陷者，拯救國家，來看《黑色送子鳥》。」

優生學運動使得殘障人士在歷史上遭到剝奪人性的事實有機會發聲、被人看見，讓來龍去脈為人所知。然而，令優生學家相當氣餒的是，公然殺害有缺陷者在美國從未真正展開。可是其他地方確實發生過。那個超級鐵粉是誰呢？鼓聲請下：希特勒。對，就是那個希特勒。希特勒將一本廣受歡迎的優生學書籍稱為「他的聖經」，還曾以書迷身分寫了一封信給作者。戴文波特等人經常與德國的種族衛生學家保持聯繫，戈德一九三四年寄給同事的一封信裡就讚揚了優生學思想領袖如何啟發了納粹德國：「你會有興趣知道，你的工作扮演著一個強而有力的角色，影響了希特勒背後那群知識分子對這項劃時代計畫的意見。我在各處都感覺到他們的看法深受美國思想、尤其是人類改良基金會研究的激勵。親愛的朋友，我希望你後半輩子都記住這一點，你確實大力催生了一個偉大的政府。」

他們的後半輩子，真的。

誠如歷史學家伊迪絲．薛弗所寫的，第三帝國是一個診斷性政權：「國家執迷於將人口分門別類，根據種族、政治傾向、宗教、性傾向、犯罪紀錄、遺傳特徵以及生物缺陷等項目進行登記與編目。接著，這些標籤又成為迫害與滅絕的基礎。」

一九三三年七月十四日，德國頒布了一項大眾強制絕育法令，有缺陷後代防制法八十六號第一節。四十萬名德國人立即受到此程序的約束，這就是後來的希特勒大清除。一九三四年，第三帝國為至少五萬六千人施行了絕育手術，等於每一千兩百個德國人中就有一人。二次大戰結束時，共有三十七萬五千名德國人受害。根據第三帝國的說法，這是一項「美國模式絕育法」。

一九三九年八月十八日，第三帝國內政部長頒布法令，規定德國所有醫生、護士、衛生官員以及助產士必須舉報所有所謂的「垃圾小孩」，也就是先天患有某些遺傳疾病，例如「智能障礙」、「肢體殘缺」、「白癡」以及「各種畸形」的孩子。這些孩子遭人舉報之後會進入三十七間「特殊兒童病房」中的其中一間接受觀察，由「醫學專家」小組判定生死。這些專家依照舉報兒童的人數支薪，每殺死一個孩子往往還能獲得獎金。

一名倖存者在一九七〇年代畫了一幅畫，那是這場兒童大屠殺的第一人稱歷史紀錄，畫上顯示一群小孩子蜷縮在角落。有一個孩子抱著一隻玩具熊，另一個小孩吸著自己的大拇指。他們旁邊有一張桌子，醫生正在桌邊看檔案，決定哪幾個孩子應該死。桌子旁邊有一疊衣服和物品，屬於已經離世的孩子，其中包括一隻動物玩偶。那堆衣物旁邊有一個正要被帶出房間的孩子在放聲尖叫。

遭判死的孩子會被送進小兒科殺戮病房，注射致命針劑，或安置在挨餓屋裡，讓他們因為營養不良或飢餓而死。他們也會遭到凌虐，成為實驗對象。蘇珊．艾文斯就寫道：「在孩子還活著的時候，醫生有時會抽取他們的血液和腦脊液，再打進空氣，那樣才能清楚照出腦部X光片。」這期間有將近兩萬五千名孩子遭到殺害。

一九三九年十月，希特勒簽署了T4計畫的命令。這項計畫特別要消滅被認為異常及殘障的成年人，包括被診斷罹患癲癇、肢體殘缺、精神病、弱智、憂鬱症以及酗酒等病症的人。全德國有六個主要殺戮中心：布蘭登堡、格拉根尼克、哈達馬爾、伯恩堡、蘇能西騰以及哈特海姆堡。史奈德與米契爾根據對原始檔案的研究指出，「有一種精巧的殺人技術，其中包含竄改死亡紀錄的處理程序；一間可一次『有效』處死多人的毒氣室；一間為了促進醫學『知識』及拔取有利可圖的金牙的解剖室；一間屍體堆置室；最後還有火化爐。」這些技術與程序跟日後希特勒「最終解決方案」所採用的方法相同。

對異常者的殺戮計畫在一九四一年八月二十四日正式「終止」，但納粹政權仍繼續在其他地區用其他方法殺害有身心差異者。在所謂的「瘋狂安樂死期間」，德國與其占領區的身心障礙病患遭到「槍殺、焚燒、冷凍、餓死、凌虐或毒死。」

總計共有超過七十五萬名「異常」或「有缺陷」的人遇害。這始終沒被譴責為違反人性的罪行。蘇珊・艾文斯指出，戰後，德國政府或法律單位並未認定殘障受害者曾遭納粹政權迫害，受害者因此沒獲得賠償，也沒有任何針對這些罪行而建立的紀念碑。在集中營以外參與殺戮行為的醫生無人遭到起訴。

•

我將這段黑暗的歷史拉進現在，主張說常態的暴力如今已深入我們日常生活的肌理，我有說錯嗎？

你們告訴我。

根據歷史學家伊迪絲・薛弗的說法，「在納粹時期工作的醫師，曾以其個人名字為神經與精神病症命名，其中至今仍在使用與診斷的至少有三十個。」

一九九〇年代中期，知名的道德哲學家彼得・辛格與傑佛瑞・墨菲曾質疑殘障人士的人性。辛格曾經用「它」來指稱一名殘障兒童，還表示殺死殘障的孩子「相當合理」。墨菲則寫過一篇文章，名為「智障者有權利被吃掉嗎？」。

監獄中超過三成的囚犯及看守所中四成的囚犯都有認知或身體差異，或是精神疾病。

三百七十六個與優生學相關的美國大學系所及專業協會，大部分都已經改為遺傳學系所與組織。

奧勒岡州在一九八一年下令進行最後一次強制節育手術，優生局則直到一九八三年才關閉。加州在二〇〇六與二〇一〇年之間仍繼續為州囚犯進行絕育手術。

巴克控告貝爾案始終沒有遭到駁回。柯恩指出：「聯邦法院依然判決政府有權施行強制絕育，並引用巴克控告貝爾案」作為前例。

現代遺傳學之父、諾貝爾獎得主詹姆斯・華生曾經在優生學紀錄辦公室過去的地點冷泉港做過研究，並在一九六八年當上主任。二〇〇三年，他告訴一個電影拍攝小組，「如果你真的很笨，我會說那是疾病。所以我想消滅那種病，幫助智商最低的那百分之十的人。」他也說：「大家說，如果我們讓所有女孩子都變漂亮，那會很可怕。但我認為那樣很棒。」

《精神疾病診斷與統計手冊》直到一九七三年都還將同性戀列為精神異常。

遺傳研究者與媒體描述為在目前或不久的將來，透過遺傳介入而可能「治癒」的腦部差異，包括了閱讀障礙、唐氏症、注意力不足過動症、學習障礙、智能障礙、威廉斯氏症，以及其他許多病症。

一九九四年，《美國人類遺傳學期刊》警告：「美國有重大風險，未來相關機構實行優生學措施的機會將會提高。」

雖然「Crisper」聽起來像是某種新款沙拉脫水器的名字，但那其實是一種基因編輯技術，某種程度上被推廣成能消除各種與腦部及身體差異有關的基因。

經診斷患有唐氏症的胚胎，高達百分之八十五會以墮胎方式處理掉。

•

這將近二十年來，每個星期都有人以口述、電子郵件、私訊和書面等方式，讓我知道各種自我淘汰的故事：用奶油刀慢慢割腕超過一小時；把蜘蛛人圖案的床單綁成上吊繩；將BB槍抵在眼窩上，好讓血流得少一點；寫好指示教人怎麼照顧金魚、遛狗，對保全說再見（因為保全先生是唯一會在早上跟他打招呼的人），陪他們的填充動物玩偶睡覺（那樣它們才不會寂寞）。當然還有，對不起，我愛你。太痛了。這些故事無情地不斷上演著，因為那些論及誰正常或誰不正常，帶給我們優生學運動之恐怖的價值和信念，至今依然在我們周圍。

# 第五章
# 表現正常

一個人在他人面前的表現，若是到了連自己都不相信的程度，那麼他就能體驗到一種特殊的自我疏離感，以及一種對別人的特殊警惕感。

——厄文・高夫曼，《日常生活中的自我呈現》

正常是一條鋪好路面的道路：走起來舒服，可是上面長不出花。

——文森・梵谷

不久前，你們問起我爸。你們問起他是誰。當時我無法回答，不過現在我準備好了。我的爸爸是那種會拿著老式公事包的男人。那種公事包看似瀟灑俐落，就連聞起來都瀟灑，好像長春藤聯盟大學圖書館座椅上磨損的皮革。那公事包是方形的，就像一個附了鎖的置物箱，有一個黃銅彈夾和採用羅馬數字的密碼鎖。

可是在那個箱子裡，有一個他不讓世人知道的瘋狂奇觀。你們會在裡面發現他隨時攜帶吃剩的食物，因為他聲稱他有糖尿病，必須監控血糖：水煮蛋、蛋殼、他生吃過後有點枯萎的青花菜梗、扁豆湯的空罐、開罐器、褐色的香蕉皮。裡面也有大麻和相關用品——菸灰、大麻芽、燒過的菸斗、覆蓋殘渣的生鏽濾嘴。箱子裡有他藏著不讓我媽知道的東西：國稅局通知單、過期的電話費帳單、水電局的停水通知、陌生人的來信。這些東西當中還夾雜了法案摘要、動議、合約，以及法律書籍的頁面，上面沾有扁豆湯和大麻味。這就是我爸。

他是會帶我去藥頭家的那種爸爸，那裡有大桶大桶的爆米花，還有一把玩具槍，藥頭拿來射擊時總是一副他就是疤面煞星的樣子。這些回憶並非不愉快，因為嗑到嗨時，我爸會變得非常好，雖然只有那麼一下子。那些凍結在我記憶裡的瞬間，有著宛如甘迺迪總統方下巴愛爾蘭版的老爸幽默、迷人又和善。他是我想親近的人，是我想效法的榜樣。但是講到毒品與酒精，淺嘗即止對他而言絕對不夠，他嗑藥，是因為那樣子有用。那讓生活沒那麼痛苦，直到無效為止。

他是那種常哭的爸爸。看運動比賽哭，看書也哭，不過主要還是看電影的時候。《你整我，我整你》、《火爆教頭草地兵》、《致命武器》。任何有狗的電影。任何他在飛機上看的電影。任何有狗、在飛機上播放、狗死掉的電影。任何有男人展現出情感的電影。

我們常在星期五一起看電影，他坐在他的搖椅上，喝著海尼根，我吃著微波爆米花。我們最喜歡的電影是巴西足球明星比利主演的《勝利大逃亡》。那部片描述二次大戰期間一批來自各國的戰犯向納粹親衛隊下戰帖，想來一場足球賽，好藉機逃亡。他們不但成功逃亡，比利還在離終場幾秒時以一記倒掛金鉤讓球隊逆轉勝。這電影是根據真實故事改編，我爸和我好愛。片尾是用一聲用法語喊出「勝利！」，到現在我都還記得我爸用手比出V，嘴型默默說出「勝利！」，熱淚同時在他臉上滾滾流下。

某天晚上，電影播完時，我算了一下，他的椅子旁邊有二十支海尼根的綠玻璃空瓶。廚房裡有一瓶喝光的一公升傑克丹尼爾威士忌。我半夜起來上廁所，發現他倒在地板上，身上滿是嘔吐物，而且沒有呼吸。我不記得後來發生什麼事。他是那種想辦法要毀滅自己的爸爸。他的故事太常見了，因為我們一旦無法融入社會，許多人就認為我們不該存在。於是，我們設法消失，就像我爸那樣，就像我那樣。

•

有些人認為，我們無法解開正常這個結，無法反抗正常，因為正常的力量在生命出現前就已經掌控了生命，在遊戲展開前就已影響了遊戲規則，在我們選擇前就已為我們做了抉擇。我心中的某些英雄，像是傅柯，給了我能擺脫被正常控制的語言的那些人，他們的想法非常接近這種虛無主義，認為反抗任何形式的權力，都不過是一種投降。我人生中有時的看法也近似這種悲觀，然而我也發現那是沒有出路的生活方式。我沒有漂亮的論點可指出他們錯在哪裡，也沒有高深的詞彙、博士學位、酷炫的名字或法國口音。

我只知道我找到了一條出路。我知道我再也不覺得自己愚蠢，不認為自己有缺陷。我再也不像之前那樣在房間裡想吞藥自殘。的確，就像哲學家茱蒂絲．巴特勒所寫的，我和你們都有一個方法能「逃脫無可避免陷入的困境」。

如果你們要以原本的自己、以完整而複雜的你過日子，你們就必須反抗正常。

•

別誤會我的意思，正常固然是一股壓迫的力量，卻也是創意的來源。小孩子，尤其是像我這種孩子，最常聽到的就是要他們「表現正常」，而且常會接著一長串為了扮演正常人角色而該做的事：乖乖坐好、說話輕聲細語、舉手、穿適當的衣服、玩適合的玩具、喜歡對的顏色。這一連串的命令沒有盡頭，你可以一路遵守，直到進入正常的應許之地。我很好奇，我們能否看出要別人「表現」得正常的諷刺之處，因為所謂的表現就是在演示一個不真實的角色。我也好奇我們是否真的瞭解，要別人假裝成異於本性的一個人或一樣東西，以及這種要人壓抑、抹除、遮掩真正自我的要求，會對一個人造成什麼影響。

反抗正常就從拒絕開始。拒絕隱藏、遮掩、否認自己那些與正常內容不符的特質。人類是由參差不齊的拼片組成，無法整齊拼合，每個人在生活中面臨的挑戰，都是以這些拼片盡力構成的最大自我。可是我們不斷承受著壓力，要我們盡可能用最少的拼片快速拼好整幅拼圖。於是，最凹凸不平、最不完美的拼片便被塞進地毯底下。但這樣隱藏是沒用的。每個遭到否定的參差邊緣、每個被當成整體的部分、每個遭到窄化的大自我、每個被簡化的多面向、每個被弄成方形的圓圈，都是一次小死亡，是獻祭給正常性的犧牲品；這會有一陣子看似有效，然而終究會失效，因為佯裝正常向來是行不通的。

強迫人類表現出正常，接著要求他們自我審查自己的正常性，這是正常的主計畫的一環。這是一種社會控制，藉由自我監視體重、身高、閱讀速度、注意力持久度以及性傾向來達成；在我們改變自己以符合標準之際，標準的平均值卻也不斷在變動。再說一次，正常是一個移動不定的目標，我們隨時都在為了自己和他人重新改變那些標準。透過表現正常，我們佯裝正常，變成自願臣服的子民。

•

我知道這種自我審查與冒充的代價，因為我的隱藏不是反抗的行動，而是求生的工具。離開潘尼坎普小學之後，我有一陣子沒回學校。我去了另一所學校，但沒多久就不去了。我不是在家自學，而是根本沒接受教育，成天跟著我媽待在她的非營利組織南灣諮詢中心。我媽本能就懂得前哈佛大學教育學教授約翰．霍爾特知道的知識：學校有害的每一天，就必須用另一天來治癒。我媽懂得痊癒，因為她同樣受過傷。

在我出生之前，她經歷了一次可用崩潰兩字形容的情況。當時她剛認識我爸，搬到馬里蘭州貝塞斯達與他同居，好方便他去上喬治城法學院。我媽和前夫經歷了一場醜陋不堪的監護權爭奪大戰，而且她原本就已經因為離婚而充滿天主教徒的罪惡感。

我哥比利就跟野狗一樣，跟一群孩子在街頭鬼混。我姊凱莉大部分時間都跟她名叫午夜的兔子待在地下室，至於另一個姊姊蜜雪兒，我不清楚她都在做什麼。有一天，我媽躺進浴缸，卻沒有起來。凱莉拿食物和水給她，有時夜裡就睡在浴缸旁的地板上，握著我媽的手。我媽的皮膚像濕掉的紙一樣萎縮。

我不知道是什麼幫助她離開了浴缸。我媽是個強悍的女人，話不多（除非你是一條狗，那麼她就會用高八度的嬰兒聲音跟你連續說上好幾個小時）。要不是認為她的機構和她自己能幫助別人，她大概會一輩子都待在浴室，然後死去。我父親從法學院畢業後，我們舉家搬回舊金山，我媽開始投身激進的社會正義政治。我們搬到洛杉磯後，她在某個嬉皮社區的精神衛生診所當志工，那地方樓下是一家靈媒店，大家會在那裡一起解決自身問題。我媽很喜歡那地方，一路從志工當到常務董事，至今已經過了四十年。

我離開學校之後就是去那裡。我有很多時候都不好過，但是陪我媽上班的那些日子卻很棒。我會在空蕩蕩的治療室裡看電影。我和一個名叫吉姆的心理治療師成為朋友，他右手只有三根手指。他對我發誓，另外兩根是他在學校丟M-80鞭炮時炸掉的。我還會踢足球。我成了中心裡治療幼兒園的「老師」，那是供遭遇重度創傷的孩子就讀的；我表現得相當出色。在那短暫的瞬間，我發現了一個可以療傷止痛的地方。

不過我知道那不會長久。我終究得回學校。於是它又發作了——現在我知道那是焦慮症。我白眼都快翻到後腦勺去了；我用力摩擦眉毛；我告訴自己，沙漠風暴行動一定會導致核武大浩劫；每天下午三點五十八分到五點十五分之間，我得用雙腳踢足球整整一千次，否則我心愛的某個人就會死去。我不能一輩子住在中心裡，於是我擬訂了一項求生計畫。我會去新學校就讀，但不會把我的差異向任何人透露。我會變正常。

那年秋天，我去上尚爾摩沙谷學校，那是一所K－8中小學[1]。我沒有告訴任何人是什麼讓我與眾不同，我父母也沒講。我沒有加入任何特殊教育課程。有差異的人會因為社會環境的敵意，而被迫隱藏差異，當然，我的偽裝也屬於這段漫長歷史的一環。隱藏差異是我們家的傳統。我父親設法表現得正常（但成效不彰），我母親不承認自己有閱讀與書寫障礙，我的兄姊飽受不知其名的差異所苦，這些都是因為追求成功的美國夢造成的。

然而，隱藏總要付出代價。我活在恐懼中，隨時可能因為極其細微和看似最無害的動作而穿幫。比方說，進入新學校不到一個月，我就發覺一個名叫喬安娜的女生喜歡我。我知道這麼說會讓我聽起來像是古代人，但當時如果有人喜歡你，你就是要提筆寫張紙條給她，那對我來說真的很可怕。所以我想出一個計畫，好讓紙條內容簡單扼要，而且都是單音節的字。我問她好不好——可是就像我之前說的，我當時和現在使用「how」和「who」時都有點問題。於是那張紙條我寫了四次。我自己讀了好多次，然後請同學傳給喬安娜。她打開紙條看了看，揉成一團。她笑出來，她的朋友轉頭過去對她說：「他一定很特別。」提醒自己：下次講電話。

•

當你有所隱藏，你不但活在恐懼當中，也會活在羞恥裡。你因為羞恥而隱藏，接著又更覺得羞恥而又隱藏更多。羞恥是一種複雜的情緒，長久以來對正常的裁判者和自我審查都很有用。對我而言，羞恥帶有壓抑性，促使我隱瞞部分的自我，告訴自己要乖乖坐好、講話小聲點，或是再也別寫東西給任何人。我的羞恥也發揮了生產力，導致我隱藏真實的自己，同時卻創造出一個虛假的自己。我欣賞的作家伊芙．賽菊寇寫道：「感到羞恥能形成自我認同。」但是誠如托賓．謝伯斯所寫的，有所成就與身為一個人是截然不同的。

我從中學開始就在尋找一樣可以達到的成就。好消息是，有一樣東西能幫助我有所成就，那就是足球。我一向擅長運動，但足球特別厲害。剛開始，比賽純粹是好玩。我在球場上宛如另一個人，我的缺點在球場上無關緊要，而我被忽視的強項卻能有所發

1 美國一種八年制的中小學，大致上招收從小學到七或八年級的學生。

揮、有了名字，還受到讚揚。要不是足球賽，我恐怕活不下來，但我也因為球賽差點無法生存。

對我來說，被人認可、看見，還有成功的感受就像毒品。我媽也體會到這種嗨感，想一嗑再嗑。我不會因此評斷她。足球讓她能把她知道、但別人卻不曉得的事情展現出來：我很優秀、有價值，我們不是貧窮的白人廢物。我沉醉在這種成就裡，為了追求更多，其他部分就閃一邊去了。不過，每當我踢得不好，我媽就會好幾天不跟我說話。

上了中學，我變成一個連現在的我都認不出來的人。十四歲時，我們全家在我一年級中段時搬到科羅拉多州。來到新地方的我創造出一個角色。我開始穿戴 Ralph Lauren 的馬球衫、各種兄弟會風格的白帽子、編織皮帶（這在一九九三年很酷）、白色牛仔短褲（也很酷），以及愛迪達 Samba 運動鞋（一直都很酷）。我跟一個啦啦隊員約會過，金髮藍眼的她出身受人尊敬的中產階級家庭，因此我對她又愛又恨。我沒有對任何人透露過我的差異。我努力做完功課，包括花十小時做大多數學生一小時就能做完的事。我表現出一副不在乎學習的模樣，而且還作弊。我欺負其他有差異的學生——喊特殊教育班的學生是智障，戲劇班的學生是臭玻璃，用盡每個厭女的字眼。要是學校裡有非白人學生，我相信我也會飆出羞辱種族的語言。當然了，我隨時都在踢球，犧牲一切也在所不惜。結果呢？

十五歲時，我得了潰瘍。我睡不著，生活不是脫離身體，就是被它掌控。腦中不斷有聲音說我愚蠢、瘋狂、懶惰、虛偽，是個騙子。十六歲，我發現喝酒能讓這些聲音安靜下來，但接著會變得更大聲。喝酒成了我不可或缺的日常，而我有所節制，純粹是因為踢球得有一定的體能。我在這一點上很幸運。可是高中最後一年，就連踢球都開始走下坡。我的表現普通，本以為會通知我錄取的第一級大學沒有通知我。我爸媽送我去看運動心理治療師，想改善我在球場上的表現。

我變成的那種人、連我自己都不認得的那種人，當然不是全部的我，即使在當時亦然。我愛馬。我們有三匹馬，我會照顧牠們。我擔任同儕輔導員，那是一個叫T先生的人鼓勵我去申請的；他說他吃飯速度很快，因為受不了得跟酒鬼父親一起吃晚餐。我懂，因為我也吃得很快。我在中學輔導一個特殊教育的學生，他曾經割傷自己。我和死黨雅各會在他家的地下室聽U2和Counting Crows樂團的歌（那是九〇年代），跟著音樂一起唱。我不知從哪裡弄到了Talking Heads的Fear of Music專輯，放進我的黃色隨身聽裡播放時，我告訴別人我在聽Hootie and the Blowfish。不過，在我心底深埋著一個熱愛寫作與思考的人。我會蹺課，躲在廁所慢慢讀《伊甸園東》。晚上要是睡不著，我就寫很糟糕的詩和劇本。但這些拼片和我變成的模樣格格不入：中學最後一年，我的計畫是進大學踢足球，然後當高中足球教練。

不過我很幸運，有一個人看到了我的潛力，而且比我自己所知的還多，甚至更看重我。他是P先生，我後來都稱他提姆，他是綠山中學英文進階先修課程的老師。像他這樣的老派教師可說是瀕危物種了。他滿臉鬍鬚，穿涼鞋還穿襪子，而且以沙林傑小說中罕為人知的人物為自己的孩子取名。P先生是我高四的英文老師[2]，娶了我高三的高等英文老師。P太太討厭我。我高二那年申請想修她的課，但被拒絕，當時的申請手續包含交三篇手寫文章。申請失敗後，我媽大搖大擺走進學校。我在P太太辦公室外坐著，聽見玻璃杯碎掉的聲音。我媽走出辦公室後，我就進了高等英文班。隔年，P太太讓我的生活悽慘無比。在她的班上，拼字非常重要。

上P太太的課那一年接近尾聲時，提姆說要見我。我確信他是要告訴我，這門課之後的進階先修英文課不適合我。我走進去，坐了下來。背景音樂播的是Grateful Dead合唱團的歌。他說，「你應該申請進階先修英文課。」我大笑。「你在開玩笑對吧？你跟你太太談過了吧？」P先生看著我，不發一語，時間久到讓人不自在。「我知道這對你來說有多辛苦，」最後他說，「我知道你必須多麼努力。」我滿腔怒火。「你知道個什麼？」我說。他直視我的眼睛說：「這對我來說也很辛苦。就跟你一樣。」他知道了。我穿幫了。「我看過你寫的東西，你不會拼字。可是誰在乎？就像馬克・吐溫說過的，千萬別相信一個只能用一種方式拼字的人。」

我在高四那年修了進階先修英文課。提姆是學校裡最早知道我有學習差異問題，也是第一個接受、而且遷就這些差異的人。他的課讓我逐漸有了改變，發揮出最大的潛力。他要我讀的東西比我以為我能讀的還多，讓我透過口述，寫得比我過去寫過的還多，也讓我發現比以往所知更多、如何作為一個人的途徑。我重新拾起原本連接著我、但我早已放棄的那條線。在提姆的幫助下，我展開了將自己修補成全新的人的漫長歷程。P先生或許看出了我的諸多面向與價值，可是我還沒完全認可自己。我在高中之後的挑戰，是要用那些相信我的人在我耳邊輕訴的反抗語言，告訴自己一個關於我的全新故事。當你的自我核心、你的身心被歸類為異常，想知道你是誰可不容易。正常這場秀的導演強迫我們去扮演一些社會角色，你想轉換也難。

高中後，我陷入進退兩難的窘況，我知道我不是什麼，但還不知道我能變成什麼。

2 美國高中為四年制。

一九九五年從綠山中學畢業後，我進入洛杉磯的羅耀拉瑪麗蒙特大學就讀。我是進大學踢足球的，我能錄取就是要踢足球。但那是真正的我嗎？有部分是，我還是熱愛足球，但也知道那不是全部的我。我感到羞愧、困惑，有自毀傾向，一團糟。上大學之前的那個暑假，還住在科羅拉多州時，我因為公開酗酒而被捕，在郡看守所待了一晚。我不記得有多少個夜晚，從派對地點出發，展開四十五分鐘的回家車程，開著卡車上了美國最危險的八十五號國道，隔天早上醒來時卻不知道自己是怎麼回到家，或是怎麼還活著。

我的腳踝在足球訓練營的第一天就嚴重扭傷，那年隨後的日子我都帶傷踢球。我還是繼續喝酒。我明白，足球不是全部的我，也不是我真正想要的，但我卻十分害怕拿掉它之後還剩什麼，因為剩下來的會是吞噬我的憤怒。

大學生活一開始並沒有比較好。我的計畫跟中學一樣，就是完全透過意志力來克服我的差異。即使到今天，還是有人會問我如何克服了閱讀障礙。當我指出，說我「克服」閱讀障礙就意味它是一件壞事時，他們會點點頭，但根本不懂我想表達的重點。他們只是同意說，沒錯，那是一件需要克服的壞事。那我能告訴他們我是如何辦到的嗎？

差異需要克服，這是一種根深柢固的文化論述。文學作品與電影裡滿是擁有非典型身心的人物，他們要不是作為憐憫的對象，就是透過奮鬥克服了個人的限制。廣受歡迎的殘障運動員形象加深了「超級殘障者」的迷思，慈善機構也募款來協助個人克服、甚至更糟、去治療他們的障礙。

「克服」的故事線有好多負面後果。它把改變的責任冠到個人身上，而非那個人的周遭環境。那些「克服」差異的範例通常付出了龐大的個人代價，深化了殘障得被克服的迷思，讓大多數做不到的人因而感到羞恥。第一學期，我嘗試克服我的問題。多數日子我都熬夜到半夜一點，上課坐在第一排，逼自己乖乖坐好，猛做我後來沒辦法讀的筆記。我一看再看滿是錯字的報告，差點被退學。

•

我們從洛杉磯搬到科羅拉多之後，我媽沒有換工作，每個月通勤。如果她沒有工作，我不知道她會是什麼樣的人。無論她受過什麼傷，那些傷始終沒有徹底痊癒。每當她暫時卸下心防，我會感覺到在她話語和眼神底下的那些傷。我只見過她哭過一次。那是住在科羅拉多州時，我高中放學回家，外面下著雪，背景播著 R.E.M. 合唱團的〈夜泳〉。她顯得好尷尬，彷彿我看到她裸體似的。

將我媽對工作的熱情當成她的某種因應機制是不對的。愛和工作都很重要，而她在工作上兩者兼得。或許正因為如此，所以大一時她要我去為她的機構在洛杉磯進行的一項計畫打工。也許她知道我什麼困難都沒克服，不過是做了一些對自己無益的事，跟她差不多。我接下那份工作，因為我需要錢買啤酒。

那份工作是在一項課後計畫中輔導有風險的孩子，當中許多都是特殊教育生。我帶著自己所有的問題去做那第一份工作，那群孩子坐在學校的自助餐廳裡，校舍周圍都是刺鐵絲網，沒有書本，廁所滿是塗鴉。那裡有置物櫃改成的教室，以及八〇年代激勵人心的海報：「人生是百分之一的靈感加上百分之九十九的汗水」、「務必出席」、「大膽」、「閱讀最重要」。

第一天，我為輔導工作做足了準備。我想，要是我的教法正確，要是大家都喜歡學習發音，那就會比較好。我走進教室，看到一群十到十二歲的孩子。我來到全班面前，擺出電影《為人師表》裡的最佳姿態，接著立刻開始不太成熟的發音課程。我教起來得心應手，以圖表分析句子，像寫作指南般介紹各種動詞形態變化，像得到認證的閱讀專家教大家唸出「查」和「阿」音。三十分鐘後，當我教完時，我有點期待他們會起立鼓掌，結果台下卻是一片死寂。接著前排有個孩子舉手，他叫安東尼。「穆尼先生，」他說，「你何必這麼麻煩？你知道我們是智障吧？」

我覺得快反胃了。我以為我會站在安東尼和其他孩子面前吐出來，就像我以前在「智障」班同學面前那樣。我多希望能說我鼓足勇氣，徹底改變了自己，當場說：「不對，你們不笨。他們都錯看你們了。」我好希望我走向那張「閱讀最重要」海報，把它撕下來。可是事實並非如此。下課鐘響後，我離開教室，坐在車上哭泣。

•

在大學剩餘的時間裡，我都在輔導那些孩子。他們是我小時候會躲開的孩子，是我自己和我過往的倒影，而我從前完全不想看到。如今，我傾聽他們的故事。安東尼的爸爸告訴他，他只能去販毒。坐輪椅的希瑟曾經被同學鎖在衣櫃，結果大家忘了她，直到傍晚才被工友發現；她大聲呼救，喊到嗓子都啞了。法蘭克連一秒鐘都坐不住，因為被大力膠帶黏死在課桌上，他手臂上沒了汗毛。雖然不懂專業術語，但我能感受到那些曾經傷害過我的相同過程、想法和信念。由於我和這些孩子的關係，我也體悟到我認為自己是個有缺陷的人。我開始意識到、感受到這個信念如何把我撕成了兩半，切成碎片，而克服我的差異是永遠無法將我縫合完整的。我也需要幫助。

我找上我的姊姊凱莉。她是家中除了我媽之外另一個比我還先看到我優點的人。她是我最親近的手足，也是我最好的朋友。她在學校是一個成天排練演戲的戲劇控，根據她的計算，她高中等於只念了一半。她會和我一起蹺課到六旗魔術山樂園搭雲霄飛車。

凱莉給了我一個心理治療師的名字。蘇珊是老派的嬉皮心理治療師，她的裝扮讓她活像一袋七彩棉花糖。初次見面時，她穿著淡藍紫色的寬鬆夏威夷洋裝，新墨西哥州所有的手環、項鍊、飾品、胸針和耳環好像全都披掛在她身上，脖子上還圍了不只一條，而是四條紅褐、灰綠、淡黃綠、聖塔莫尼卡藍色的圍巾。我以前沒見過真正的心理治療師，只找過體育和學校心理師，所以不知道該談什麼。她也不知道。她只是坐在那裡，像隻小小的黃金獵犬一樣對著我微笑。

我不確定這整個心理治療會有用嗎，也不確定蘇珊知不知道這整個治療如何發揮效果。過去我被迫去看的心理治療師通常都直接開始。我在小學看情緒問題的那些治療師問了很多有關我媽的問題，體育心理治療師則叫我想像各種踢球領先的場景。但蘇珊就只是坐在那裡。

「所以，現在呢？」她還是沒說話，繼續微笑。最後她終於開口。「你感覺如何？」

「很好。」我說謊。我不曉得當時我是否知道自己感覺如何，到現在也不知道。我知道自己覺得胸口好像被鉗子夾住，每天無來由地陷在悲傷與絕望的情緒裡。「不，你感覺不好。」她說。接著，她做了我確定《精神疾病診斷與統計手冊》沒有列進推薦療程上的動作。她起身，繞過那張材料來源符合道德原則的茶几，給了我一個擁抱。

在大學的第一年，我每個星期都去見蘇珊。那是我一週當中感覺最棒的時候。我漸漸開始和她分享我在學校的經驗。她說她瞭解，然後又違反一項心理治療聖經上的原則，告訴我她兒子的差異與掙扎。蘇珊建議我再接受測驗，我嚇得退縮不前。她笑著說，這次不會跟上次一樣。測驗對她兒子有幫助。蘇珊將這項測驗稱為評估，能提供與我腦部有關的資訊，不是診斷，她還說我能用這份評估來獲得通融。

「通融」這個詞又讓我退縮。我以前經歷過那一連串折騰，結果頭暈想吐。對我來說，通融在本質上帶有負面意義：一個人會去通融他不太喜歡的事情，像是姻親跑來家裡長住。通融一詞用在學校會令人感到恥辱。常有老師在考試當天走進教室，請需要額外考試時間、有「特殊需求」的學生站起來跟她走。你們猜有多少人站起來？一個都沒有。在過去，即使是面對P先生那樣給我各種通融的老師，我也自覺羞恥與內疚，彷彿我是在作弊。我對蘇珊搖搖頭說：「不要，我的閱讀障礙不需要通融。我自己處理就好。」她露出微笑。「你說得對，」她說，「你不需要因為閱讀障礙獲得通融；你需要因為他們的教學障礙獲得通融。」

•

雅各是我高中的死黨。他大我一歲，平時開的雪佛蘭馬里布汽車引擎蓋顏色跟其他同款車型都不一樣。別人因此取笑他的車和他的人。雅各住在我女友和她的啦啦隊友口中所說的貧窮區，那是一棟一九六〇年代的牧場屋，裡面有一座高過地面的泳池，我覺得很棒，但是家裡有真正地面泳池的其他人卻不那麼想。他的父親是酒鬼：早上很和善，下午很凶狠，晚上則不省人事。我們常喝光他自以為已經喝完的酒。雅各的左腳因為出生時折到而彎曲，可是他還是會踢足球，我相信那樣很痛，但他藏了起來。雅各跟我都有一口爛牙，因為他爸媽沒錢讓他戴牙套或去看牙醫。

小時候，別人都告訴雅各他很笨。他比所有我認識的人都用功，包括我在內。我們曾經開玩笑說我們倆都活不過三十歲。結果我們都錯了。二〇一三年六月十四日，雅各因為肝硬化過世，得年三十八。

我人生中認識的不正常人，好多都是滿腔怒火，遭憤怒吞噬。他們在氣什麼？當然是氣自己。將差異視為缺陷與病症的邏輯，使得他們將憤慨轉向了自己。被人告知你是個問題，後果自然就是你會將自己視為是必須解決的問題，如果有必要，手段就是自我毀滅。我知道我的人生也可能像雅各那般結束。

可是沒有。雖然原因很多，但其中之一是我夠幸運，人生中有許多人不是告訴我不要憤怒，而是告訴我該對誰、對什麼憤怒，以及該如何處理。這些人當中有一位是楊神父。我在大學第二學期初認識他，我參加了英文系說明會，想瞭解該主修什麼。當時我正處在學業上的三叉路口。上一學期我隱藏了我的學習差異，試圖更努力，結果並不成功。然而，我有一堂英文課的成績在班上名列前茅，後來卻發現期末考要在時限內手寫一篇文章，而且占總成績六成。我應該獲得通融可使用電腦，但是我沒有，結果毫不意外，最後成績不及格。我好氣自己，但也氣一整年的努力就因為一場鬼考試而遭到否定。我不知道怎麼處理那股怒火。我心想，有用嗎——反正我還是那個在羅耀拉瑪麗蒙特大學主修足球的笨孩子。

那一天，我坐在教室後面。接著，身為耶穌會教士與莎士比亞學者的系主任楊神父走到教室前方。我的眼光無法從他身上移開。他熱情地談著文學、學習以及教育。他讓我想起P先生、R先生，以及其他比我更早看見我潛力的人。後來我走到他面前，告訴他我可能想在大學主修英文，但因為在學校裡的困境，我不知道自己能否勝任。楊神父看著我說：「孩子，我有一些最好的學生就是像你這樣的人。」

我深受楊神父的鼓舞，便和輔導室的某個人約了時間見面。這個人負責給我通融，協助我在大學裡找出方向。會談時我異常興奮，坐在對方辦公桌前說：「我想主修英文。」我告訴他，上個學期學校沒有通融我並不公平，我想要重考的機會。他看我的樣子彷彿我瘋了。他從辦公桌底下拿出我的檔案，大概有十三公分厚，放在桌上時還發出砰的一聲。他開始翻資料，翻到一半時笑了出來。「英國文學，」他說，「你無法閱讀、不會寫作，又不會拼字。你應該考慮比較不用腦的東西。像你這種人，根本不該來上大學。」

我大受打擊。突然間，我又成了那個走廊上的孩子。那個躲在廁所，愚蠢、瘋癲、懶惰，應該再去踢球的孩子。出於尊重，又不想浪費他的時間，我回去找楊神父，告訴他不必理會我請他簽的那張單子了。我不會在羅耀拉瑪麗蒙特大學主修英文。「為什麼？」他問，「你那麼興奮。」我告訴他事情經過。我說：「院長認為我做不到，因為我有學習障礙。」楊神父沉默不語，彷彿永恆。接著他看著我，用一種只有老派耶穌會教士才有的語氣說：「孩子，我想你得證明那個混蛋錯了。」

在那一刻（沒錯，人生真有某些時刻得決定向右或向左走，改變的機會之窗開啟又關閉），我決定將那股吞噬我的怒火轉化為激勵自己的動力。我成為英文主修生，修了四堂文學課。我願意盡一切努力證明他們錯了。我還是覺得自己很蠢，但我拒絕表現得愚蠢。

我過去一向不發一語，但從那一天起，我強迫自己在課堂上發言。以前我會屈服於拼字比較厲害的聰明孩子，現在我會為自己的想法辯護。我也會請求協助，將作業傳真給我媽，請她檢查拼字。我買了有聲書錄音帶，當時可沒有數位下載這回事。播放錄音帶的裝置大到我得裝進背包裡還再插上一台發電機。考試時我會使用延長時間。這聽起來或許是小事，但在學校，對事情瞭解的深淺往往不如你瞭解它的速度來得重要。這一點毫無正當理由可言，我們不應該教育出宛如益智節目參賽者的一代。

那個學期，滿分四分，我的平均成績是三．九分。

•

我們每個人生命中都需要其他人來推我們一把，跨越自知之明與自我期許之間的那條線。大一過後的暑假，我在丹佛當工會幹部實習生時發現了更多那樣的人。我的工作是到各個社區說服民眾去登記投票；查出違反工會合約的雇主；此外，我也花了許多時間傾聽工友的故事，他們受到的對待就好像他們有缺陷、比別人沒價值似的。我擅長這些事，也很在乎這份工作。

我與來自全國各地、三教九流的年輕人合作。米莉安和她弟弟來自亞歷桑納州的土桑，他們的父母就是工友，為了追求更好的生活而從墨西哥移民過來。來自克拉克大學的威廉整天下棋，不停聊著馬克思哲學和勞工政治。這些人和我在曼哈頓海灘、綠山中學與羅耀拉瑪麗蒙特大學認識的人，以及我這輩子一起踢足球的孩子都不一樣。他們不在乎我是不是優秀的運動員，他們是因為其他原因而喜歡我，這一點對我來說別具意義。

實習結束後，工會請我在暑假剩餘的時間留下來，擔任全職的工會幹部。那個夏天，我的足球隊晉級了西區決賽，那可是大事一件。我必須決定接下這份工作或是去踢球，無法魚與熊掌兼得。我打電話給我的老教練麥克，徵詢他的意見。麥克在聖路易長大，父母是東歐移民。他的頭是我見過最大顆的。我知道麥克在學生時代過得很辛苦，覺得自己笨笨的，所以足球不只成了他追求更好人生的門票，也建立了他的自信，跟我一樣。我在電話上問他認為我該怎麼做，他毫不遲疑地說：「接下那份工作。你絕對不只是個足球員而已。」

一個人會變成什麼樣的人不是由他們決定，我們所有人都有影響力。這些人幫我擺脫了我曾經試圖追求的那種成就，讓我變成我後來變成的那個人。因為他們，我相信我有潛力成為一個有別以往的人。

•

我姊凱莉讓我有了轉學的想法。她曾經轉學到ＵＣＬＡ念表演。當她向我提到轉學的想法時，我認為她瘋了，但她告訴我高中成績在轉學時並不重要。她說：「你的過去未必能決定你的未來。」羅耀拉瑪麗蒙特大學不是不好，只是不適合我。我足球隊上的人不是壞人，只是和我合不來。我想去一所有「聰明人」的「最佳大學」。就像從前其他的念頭從外面慢慢爬進心裡一樣，我夢想著上好大學的那種權力與地位所象徵的自我價值。當我跟別人談到好學校時，長春藤聯盟不斷冒出來。我不知道那是什麼神祕的地方，但顯然你要是進得去，就表示你很聰明，而我最想要的就是聰明。

看來長春藤聯盟在東岸，因為那是長春藤生長的地方。當時我哥比利住在康乃狄克州，所以我訂了一張機票，打算造訪耶魯、哥倫比亞以及賓州大學。為什麼不是其他學校？康乃爾不考慮，有人曾經告訴我，說它原本是一所州立農業學校，所以不算真正的長春藤學校。（我確定那個人上了哈佛。）撇開聰明人不談，達特茅斯的氣候實在太冷了，至於哈佛和普林斯頓？我沒有那麼愛幻想。布朗之所以沒有上榜，是因為根本沒有人跟我提過布朗，直到我哥建議我去走一走。「它是一所奇怪的學校。」他說。

我先開車上九十五號州際公路前往布朗，上午九點抵達普羅維登斯。我以前從來沒見過那樣的城市。在我成長過程中，所謂的老建築是來自一九六〇年，普羅維登斯卻有一七六〇年的建築物。我先見了一位足球教練，因為雖然我有閱讀障礙，但可不天真。我要盡可能從各個角度著手。他只和我談了我的足球生涯，然後通知招生辦公室，安排我和一個看起來疲累不堪、衣衫不整的人面談。他叫班，桌上堆滿貼著亮色便利貼的塑膠資料夾。我心想，哇，看看那麼多想進來就讀的聰明人，我根本毫無機會。康乃爾，我來了！

我坐在班的辦公桌前，準備回答我知道他會問的那些問題：我在高中的表現如何？學測成績如何？考過哪些進階先修測驗？「最近，」就在我屏住呼吸之際，班用非常嚴肅的口氣說，「你讀了什麼閒書？」我吐了口氣。這一題我有答案。我從綠山中學第一天開始就在讀課外讀物，而且從來沒停過。當時我正在讀史坦貝克的某本書。我們聊史坦貝克聊了一個多小時，完全沒談到足球。我得知布朗的學生可以設計自己的學程。沒有核心必修課程，沒有單一的修課方式。布朗大學是一個以熱情、志向和個別差異為基礎的教育機構。

這個地方適合我。

一九九七年五月二十一日，我收到一個小信封，是布朗大學寄來的郵件。我把信封放進垃圾桶，因為好消息怎麼會裝在小信封裡寄來呢。幸好我和室友都是懶惰蟲，讓垃圾擺了好幾天。我不確定自己怎麼會把信從垃圾中撿起來，但我就是撿了，我也知道要是沒撿起來，我的人生就會截然不同。

我錄取了。我打到招生辦公室，確認沒有搞錯。「你確定嗎？」我在電話上一問再問。我打給那名足球教練，謝謝他錄取我。他大笑。「我跟你一樣驚訝。」他說。「為什麼？」我問。「招生辦公室告訴我，我只能收一名球員——你或另外一個人。我選了另外一個人。」

我坐在公寓地板上大哭。我打給我媽，她放聲尖叫。我打給凱莉，她也哭了。接著我把錄取通知函傳真給說我這種人不該上大學的那個人。

•

孩子們，我希望在你們的人生歷程中，能有人不只看到目前的你們，也看到未來可能的你們。很抱歉，我有時把你們當成一個整體，有時我用各種類別來理解你們，即使那些類別並不適用在你們身上，因為沒有那些類別，我就不確定我是誰，我也害怕不知道如何辨識出你們個性的諸多面向。就像我媽一樣，我寧可走安全的路、相同的路，能保護自己的舒適之路。別屈服於我的恐懼、我的限制，以及我想讓你們的生活與自我變小、變清晰與變明確的意圖。反抗正常就從拒絕隱藏開始，拒絕將自己降格為某種東西——拒絕表現正常，嚴正拒絕。

因此，你們問起我爸的那晚，你們不是在問一個存在性的問題。你們問的就是字面上的意思：你們不知道我父親是誰。你們不知道他的名字，甚至不知道我有個老爸。

「我爸叫約翰，跟我的名字很接近。」我說，「但是他都說他叫葛雷。」

「他在哪裡？」你們問。

我沒回答，因為我不知道，也不知道該說什麼。你們回答了自己的問題。

「說不定他躲起來了。」

你們不是在開玩笑。「說不定他在玩捉迷藏，有一天他會從儲藏室裡跳出來說：『驚喜！！！我在這裡。我一直都在這裡！』出來，出來，不管你在哪裡，葛雷爺爺。我們愛你。捉迷藏結束了。」

# 第六章　正常人爛透了

這麼多怪咖，而我就身在他們當中，每天變得更好一點。我從來不知道，甚至根本沒想像過，竟然有我們這種人的容身之處。

——丹尼斯・強森，《耶穌之子》

正常不是值得嚮往的目標，而是應該遠離的東西。

——演員茱蒂・佛斯特

有一天，你們問我，我的閱讀障礙是不是殘障。當時我們躺在床上，我正在唸《野林三部曲》給你們聽。那本書厚達六百頁，當中充滿奇異的語言，作者是獨立樂團壓軸樂團的主唱。拗口的字詞害我在朗讀時結結巴巴，而且我也唸錯每個名字的發音。用右腦念書就會發生這種情況，因為用錯邊了。在那個時間點，我應該要能毫不遲疑地回答你們的提問才對，畢竟我整個職業生涯都在思索關於能力、殘障還有正常。但問題是，一件事情你越是去想，它往往會變得越是複雜。

如果是在人生不同的時間點，我可能會給出矛盾的答案。這一年說是，下一年說不是。這一天說是，改天說不是。兩者之間則經常答說「喔，要看狀況」和「也許」。

有一次，你們問我這個問題，我反問你們認不認為我的差異是殘障。你們用一個問題來回答我。你們問，我聽說過有閱讀障礙的人不相信狗嗎？[1]

什麼是殘障？誰是殘障人士，我是其中之一嗎？當然，殘障是一個類別，是正常與不正常階級制度當中諸多低下階級的其中一個。然而，這個類別可能變成一個人的身分，而且具有形塑人生的力量。其他類別也具有相同的力量，而我的類別是學習障礙。這些類別是真的嗎？當然不是。當然是。這兩者可能都沒錯。異常性的類別，例如殘障，就像空氣，並不是真的，但也像稅和金錢，是真的。

最重要的問題是：一個人能否用這些基於病症與污名的虛構真實，去創造一個更好的自我？我認為可以，我就做到了。

我想告訴你們我如何做到，好讓你們瞭解、顛覆、利用自己可能落入的任何類別，然後或許像我一樣欣然接受，成為一個嶄新的人。

我希望你們能在人生中找到一個地方，當中充滿人、想法與經驗，它能撬開你們、拆解你們，而後賦予你們自由，將自己重新組合起來，模樣與你們抵達時已然不同。我希望你們擺脫我和你們的媽媽、家鄉，以及正常加諸在你們身上的那些看法。

•

一九九七年，羅德島州普羅維登斯的布朗大學就是我所說的那個地方。我找到布朗不是要讓自己被轉變。對我來說，布朗大學是一顆最閃亮的金色星星，我想要、也需要，因為以往我的星星都是黑色的。我想證明大家都錯了，我非但不正常，還比正常更好。比我高中時的女友、她的父母更好，比我特殊教育班的同學更好。就讀布朗大學是一項自我創新與自我創造的行動，可是在我抵達時，還不是一項自我接受的行動。

人生此時，我不再試圖「冒充」正常了。我理解、也勉強接受了我的學習差異。我決心不對這些大驚小怪。自從中學、甚至羅耀拉瑪麗蒙特大學以來，我走了一段好漫長的路。我已經不認為我本身是問題，但我知道我有一個問題，或者應該說不止一個。我

1 dog與god的拼法正好顛倒。

相信我內心這些問題不是值得驕傲的差異，而是必須盡可能解決、處理及掩飾的缺陷。

我在布朗大學差點連一天都撐不下去。我媽和我飛到紐約，租了車從九十五號州際公路北上普羅維斯登。那趟車程不好受，大部分時間我們都不發一語。一個星期前出了兩件事。第一，我得知我爸被工會開除，丟了法務長的工作。我相信原因很多，冰凍三尺非一日之寒，但壓垮駱駝的最後一根稻草是他在辦公室傳真機上留下一封應徵另一份工作的求職信。接著，他在超市找到包裝商品的工作。他再次把自己給毀了。

另一件事似乎比婚姻內爆更讓我媽困擾：我決定不在布朗大學踢足球。儘管我還沒以「指定」球員的身分錄取，但教練保證我會加入球隊。我整個夏天都在告訴我媽和自己我會踢球。前往紐約的前一晚，我決定不踢球了。我在開車途中告訴她這個決定。她以沉默表示不贊同。

抵達布朗大學後，我們把車停在薩耶爾街上。我穿著愛迪達 Samba 鞋和 Stussy 的帽T。我媽穿 JC Penney 的高腰牛仔褲，頂著在平價髮廊燙的頭髮。我們的車旁停了一輛掛著康乃狄克州車牌的 Saab，看起來就像一艘瑞典太空船，一群皮膚淨白的有錢人家小孩正好下車。我看到人行道上許多人都穿著帆船鞋，穿卡其褲的也不少。空氣中瀰漫著貴族口音。我跟一個從 Saab 下車的孩子閒聊，他問我讀的是哪所學校，我說布朗。答錯了。他指的是我是讀哪所預備學校[2]。結果這孩子沒上布朗，但他哥哥有。他的學校「在劍橋」——一個人要是讀哈佛就會這麼說，好讓你開口問他是不是上哈佛。

我們去吃午餐時，我媽的信用卡被拒，我只好付現金。我們走到宿舍整理行李。這時我瞥見我媽好像在哭。我嚇呆了；我媽不會為了孩子哭，這時背景也沒在播 R.E.M. 的歌。不過她絕對是在哭。整理好行李，她抹去淚水，抱抱我說：「你不必為了要讓我以你為榮而去踢球。」接著就離開了。

那一夜，全體轉學生在一棟新鮮人宿舍的地下室集合。那棟樓叫摩里斯．查普林，簡稱 MO/CHAMP。在我周圍的那些學生都是會舉手拿到金色星星的聰明孩子。他們不但正常，而且比我們其他人更優秀。我做了什麼？我是個地位低下、搭特教公車的白人窮小子，與這裡格格不入。這是個天大的錯誤。這些人會發現我不應該來這裡。

我們圍坐著，輪流分享是從哪裡轉學過來，在進布朗前的暑假又做了什麼。一開始就嚇死人。第一個孩子暑假在高盛打工，她真厲害。下一個是從普林斯頓轉過來，在國家衛生研究院打工。再下一個是從哈佛轉來，還登上諾貝爾獎的決選名單。我可以走人

2 預備學校（prep school）是為了幫助學生上知名大學而辦的私立中學，收費高昂。

了。

我決定說我平常講的故事，然後在輪到我之前先去上個廁所。接著，下一個孩子站起來，他看起來真吸睛，紫色頭髮宛如一根根的刺，豪豬似的，戴的手環是腳踏車鏈條，連身工作服上都是噴濺的油漆。他說話的聲音就像嘴裡嚼著鞋子。他說他叫大衛．柯爾，來自新罕布夏州的漢諾威，從地標學院轉學過來——那是一所供有學習障礙和注意力缺乏症的孩子就讀的兩年制學院。那年暑假他在建築工地打工。我告訴自己，這才是跟我同一掛的。我不敢相信他會在這些聰明人面前坦承自己的背景。他不必假裝自己沒有殘障。

自我介紹過後，令我沮喪的是大家互相認識的活動繼續進行。我們拿到一份匿名的「趣味」事實清單，看看我們跟其他轉學生有什麼地方相符。我經過那個高盛女生，直接走向大衛，向他自我介紹。「我叫大衛。」他說，手指一邊在那份趣味事實清單上往下滑，來到中間。「我知道了，馬戲團表演者。」他說。我沒聽懂他的笑話，非常嚴肅地說：「不是，我踢一級大學足球。」他大叫，「少來了！打死我都不相信。」我問，「你呢？」他面無表情，「投資銀行家。」他誇張地揮手，「說點別的，告訴我真正有趣的事。」

我告訴他，我有閱讀障礙，直到十二歲才學會閱讀。大衛是第一個聽到我說出這件事的人。接著他告訴我他的故事：高中輟學，濫用藥物，兩年制學院畢業，藝術家。我啞口無言。「你有什麼趣味事實？」我問。他的事實是十一歲就學會焊接。他笑說：「看來我在你學會閱讀前就學會焊接了！」他繼續說，「你的狀況也很酷。」「酷？」「對啊。開什麼玩笑？閱讀障礙的腦袋超猛的。」

那天晚上，我獨自坐在宿舍房間裡，想著大衛說的話。那就像他告訴我有一個圓圈是方形似的。我覺得不可思議，這種事，我的腦袋、我的殘障、我的缺陷，竟然可能不是該修正的問題、該否定的缺陷、我自己該隱藏的一部分。撇開酷炫的髮型不談，我知道大衛根本是在鬼扯。

宣稱我的腦袋和我的缺陷「超猛」，等於是在說各種被視為病症的差異，在本質上並非缺陷。我念大學的時候想不透這一點。當時的我跟現在許多人一樣，都陷在正常的網子中，迷惑於大量的科學研究，它們「證明」閱讀障礙與注意力不足過動症是「神經生理上的缺陷和障礙」。我在學校多年的失敗證明了這種研究是對的：我有毛病。此外，也有明顯的例子顯示哪些類型的人比我優秀：聰明閱讀團體的孩子、能乖乖坐好的人、我不正常、他們卻正常的人。這一切不都證明他們對我、對我們的看法沒錯嗎？

可是，此時的我卻在一個他們說我不可能出現的地方。我的拼字能力依然只有小學三年級的水準，我還是無法坐好，還是有他們說的那些問題，但我本身已經不是一個問題了。有沒有可能他們根本就錯看我了？

第一學期一週後的某天晚上，我到大衛的宿舍房間和他碰面，準備去吃晚餐。他趕不及，還在洗澡。我坐在他床上等，聽著他意識流般的胡言亂語，過動症版的洗澡歌聲：你知道羅伯特．勞森伯格[3]有閱讀障礙嗎？漢諾威距離加拿大邊界六十五英里。那個莎拉長得像青蛙。我們該去哪裡吃飯？別再吃沙威瑪和咖哩了。你應該去參加匿名戒酒會，他們的咖啡很好喝。我們應該寫本書。

意識流戛然而止。大衛洗到一半走出來，全身赤裸，身上濕答答的。他說：「沒錯，我們應該來寫本書。」說得好像一個過動症高中輟學生和十二歲才學會閱讀的閱讀障礙者合寫一本書是世上再天經地義不過的事。我笑他。他回去繼續洗，繼續意識流碎唸，彷彿什麼都沒發生過。洗澡的時候，總是有另一個想法在等著大衛。

兩個星期後，我做了一個常做的夢，跟學校有關。有那麼一刻，我在走廊上和工友聊天，因為我無法在課堂上坐好；接下來我在廁所裡檢查隔間，確定沒有其他人；然後是一條長廊；接著我回到愚蠢的閱讀小組，大聲在全班面前結結巴巴地唸著字。我在清晨一點三十分醒來，打給大衛。我知道他也睡不好。

「沒錯，」我在電話上說，「我們應該來寫本書。」

•

布朗大學是個奇怪的地方。它是由一群被逐出美洲殖民地的人所創，在一九五〇年代收了不少被哈佛和耶魯拒於門外的富家公子（富家千金則上布朗的女子學院彭布羅克）。六〇年代的反文化在校內生根茁壯，導致它成為今日的樣貌：一所沒有核心必修課程、學生想在何時修什麼課程都可以的奇怪長春藤大學。一個以個人為根基的教育機構。

大衛和我開始著手寫書，這本書也成為我大學教育的核心。最後我在布朗的「課程」有四分之三都是以支持這項計畫的獨立研究形式進行。我在這段期間有三個導師：蘇珊、羅伯特和葛蕾西拉。他們把我嚇死了，卻也讓我體認到，嚇壞你的人其實有最多學問能教你。

3 勞森伯格（Robert Rauschenberg），美國普普藝術大師，以結合非傳統媒材的創作聞名。

蘇珊是後現代文學教授，我確定她讀的德希達是法文版，而且稱茱蒂絲・巴特勒為「聖人茱蒂絲」。我在布朗的第一學期認識了蘇珊，選修她的進階文學理論課，因為我們都知道，聰明的英文主修生都會這麼做。第一天上課的情況歷歷在目。那是我在布朗的第一堂課，儘管戰戰兢兢，但我已做好準備。我買了兩包色筆、五本彩色便利貼、兩枝自動鉛筆、三個橡皮擦、一台繪圖計算機，以及我媽從沃爾瑪買給我、一個像資料夾的東西，校園裡似乎只有我在用。我顯然準備好了。

我提早四十五分鐘進教室，坐在前排正中間。蘇珊走進來，捲髮盤在頭上，穿得一身黑。同學開始竊竊私語時，她的聲音聽起來更大聲。她在黑板上寫下賈克・德希達，每個人都點頭。接著她開始說外語，全班似乎都聽得懂，除了我之外：後結構主義，意指與意符，差異與差異化，以及與後現代凝視有關的東西。我開始眼神呆滯，後來我才知道，這不是她口中的後現代凝視。

當時我覺得，在長春藤聯盟主修英文這件事並不適合我。

蘇珊接著轉過頭來問全班：「這一切為什麼重要？」好問題。同學們迅速舉手，以同一種外語說出的冗長答案流瀉而出，我開始懷疑其實很多人根本不懂自己在說什麼。蘇珊客氣地聽著，然後說這之所以重要，是因為語言會影響世界，給我們類別；如果我們明白這如何發生，就能解構自己，「建立一個新的人」。這才是我需要知道的語言。

蘇珊成為我在布朗的指導老師和朋友。她引介想法給我，我們視為自然與不證自明的許多事物一向是「社會建構」，未來也會一直如此。她繼續說一種我在理解上有困難、卻又覺得與我人生有關的語言。除了大衛，蘇珊也是第一個得知我寫書構想的人。我告訴她，那會是一本關於大衛和我如何克服我們的學習與學校障礙，獲得成功的書。她微微笑著對我說，這本書聽起來有趣又重要，但內容或許會比我所想的還要廣。

•

每週三晚上九點到午夜，大衛和我在摩里斯．查普林大樓的地下室見面，進行我們的計畫。當然了，我們表現得一副好像在寫書的樣子，思考章節和「市場」，但那其實不是我們真正在做的事。我們其實在說自己的故事給對方聽，同時也等於在說給自己聽。大衛的人生經歷比我豐富。他從一所專供有學習與注意力差異的學生就讀的學校轉學過來。某次期末考，大衛闖進他教授的辦公室，根據課程內容創作出一件沉浸式的裝置藝術，結果得到A。那是一個沒有人冒充正常的地方，因為不正常就是常態。

我就不是這麼回事了。我還不知道我自己的故事該從何說起，於是大衛稍微訪問了我一下：

「who」和「how」看起來一樣？

是。

分不出「house」與「horse」的差別？

是。

與工友成為好友？

是。

躲在洗手間，以免要大聲朗讀？

是。

學會眼睛閉起來閱讀？

是。

發現特殊才能（足球）作為補償？

是。

過去在學校覺得自己愚蠢、瘋癲、懶惰、有缺陷，目前依然如此？

是。

在地下室的鹵素燈下，我啞口無言。大衛怎麼可能比我還先知道我的故事？「其實，你不是唯一擁有這種腦子的人。」他說。在地下室裡，我們研究關於學習和注意力障礙的歷史與科學，連續好幾個月。瞭解了這些研究中大部分——好吧，是所有研究——的題目，我發現這門科學確實令我內心舒坦多了。我的讀寫困難不是因為我笨，而是因為「左半腦缺陷」。我老是會忘記車鑰匙，不是因為我懶惰或故意弄亂，而是因為「額葉受損」。

在差異的道德教化中發現避風港的不是只有大衛和我。當今所謂的「神經多樣性」（neurodiversities）有許多在被視為病症之前都已先被道德化。無法閱讀的孩子很笨，坐不住的孩子很壞，眼睛不看人的孩子則是故意挑釁。科學稱這些狀況是真正的「問題」，而非性格瑕疵。撇開負面標籤不談，和大衛坐在地下室裡的我知道，閱讀障礙和過動症遠比愚蠢、瘋癲和懶惰好太多了。

醫學模式將我們「不正常者」從道德化的專制中解放出來，獻上「病症」的贈禮——不過事情當然沒那麼簡單。羅伯特在當時和現在都是我的導師，他督促我更深入去思考這個議題。羅伯特主持史威爾公共服務中心，但就跟布朗大學的許多職務一樣，這個職銜不代表什麼。羅伯特是畫家、作家、酷兒運動人士與理論家，也是小時候被領養、無固定性傾向的馬克思主義者，對殖民建築與ＭＴＶ充滿熱情。

我是在申請工作時認識羅伯特的，那份工作是在他的中心內執行一項課業輔導計畫。我們很快就成了朋友，因為他和我分享六〇到八〇年代性愛與運動的社會建構，以及病態化的相關想法，那運動當時是在反抗他所謂的「強制異性戀」。我先承認，我覺得羅伯特的許多／大部分想法都十分有挑戰性。當時我不知道有那個出櫃的同志足球員，我父母對性的態度看似也不先進。有一次，我告訴我媽下輩子我會當室內設計師，她還問我是不是同性戀。我不太確定這跟我是不是同性戀有什麼關係。

某天早上喝咖啡時，羅伯特告訴我，我得讀讀金賽的兩本開創性著作：《男性性行為》與《女性性行為》。我問了他幾個問題：第一，這些書有圖片嗎？第二，這種書和我的經驗及計畫有什麼關係？羅伯特解釋，金賽從一九四〇年代末開始進行史上規模最大的人類性愛研究。跟過去著重於「異常」行為的性愛研究不同，金賽研究的是「比較一般的人」。他訪談了十萬名男女，在數小時內詢問每個人三百多至五百個問題。訪談內容百無禁忌。這項研究的結論指出，大部分被視為「異常」的性行為其實相當普通，相當正常。金賽寫道：「現實世界從各個面向看來，都是一個連續光譜。」

羅伯特說，如果世界從各種層面來看都是一個連續光譜，那麼當這個連續光譜的某些部分被分組、分類與標示成病態，而其他部分沒有，此舉或許就是錯誤的，是一種文化行為，並不自然。他表示，或許我們都處在某些能力與殘障的一個連續光譜上而不自知。

•

大衛後來離開學校宿舍，搬到普羅維斯登南區的一個工業藝術家閣樓。我們在那裡寫書，四周擺著他收藏的工業凳、舊工具、醫療用具、加油站招牌、二手書、復古的學校設備，以及好多從垃圾場撿來或從二手商店救回來的其他現成藝術品。那間閣樓至今仍是我這輩子到過最美麗的地方之一。

為了做研究，大衛和我看了一本名為《過動症與自制的本質》的書，作者是臨床神經科醫師羅素・巴克利。巴克利到目前都還是世上數一數二的過動症專家。這本書和巴克利的學術研究一樣，充滿長長的段落，還有更長的字詞，描述過動症者腦部的不足、缺陷，以及欠缺。有一天我去閣樓寫作，發現大衛走來走去，邊看著這本書邊喃喃自語。

幾分鐘後，他丟下書，走向電腦開始瘋狂打字，接著列印出一張新封面，上面寫著：「大爛人寫的大爛書」。

當時大衛和我已經互相協助對方訴說一個較複雜、關於我們自己的新故事。大衛經常整天創作藝術，不吃不睡，不離開工作室，這樣的他真的是一個注意力「不足」的人嗎？「你有學習障礙？」某天我憑記憶一字不漏地背出我們在幾週前談過的某件事之後，大衛這麼問我。我們邊寫書還邊修滿堂的課程，但我們的同學大多不是，我們這樣難道真的是「病態」過動？在那間閣樓裡，有彼此相伴，也因為彼此，套在我們身上的類別開始失去客觀性、自然性、必然性。

•

一位名叫葛蕾西拉的女士甚至更進一步地促使我們去回答我們問自己的問題（殘障是世界上的一件事實嗎？殘障是一個醫學類別，還是少數身分？差異有價值嗎？）。葛蕾西拉是布朗大學教育系的系主任。墨西哥出生、在紐約市長大的她是激進教育運動人士，認為特殊教育與所有標籤都應該廢除。她推薦（也就是強迫我讀）探討殘障的書籍，這些書認為殘障並非醫學事實，而是她所稱的社會建構。

這些書與大衛和我讀的那些研究相反。當中包括邁可．奧利佛的《殘廢政治學》、蘇珊．溫德爾的《被拒絕的身體》、蘿絲瑪麗．嘉蘭．湯姆森的《特異的身體》，以及其他許多拒絕殘障醫學模式的文本。它們支持這些學者、倡議者與社會理論家所謂的「社會模式」，主張殘障的原因在於社會的組織方式、結構、價值以及態度，而不是一個人的限制、損傷與差異。

我不相信。在人生那個時間點，我認為我的學習障礙是生理上的事實，不是任何人捏造或建構的東西。葛蕾西拉和我為此爭執不休。某天早上，她告訴我一個女孩子的故事，她叫卡洛萊娜，原本應該沒辦法活命的。卡洛萊娜出生時臍帶繞頸，卡在產道五分鐘，導致腦部缺氧。儘管活了下來，卻因此癱瘓，只有一隻眼睛能活動，必須使用呼吸器，全天候需要居家護理員照顧。有人問她，如果有一根魔杖，她會改變自己人生的哪一點。她透過助理溝通裝置用眨眼做出反應：「我希望別人不要盯著我看。」

•

一九九八年秋天，大衛和我將我們寫書的構想賣給賽門舒斯特出版公司。那一學期，我修了某位名詩人開的詩詞課。這門課的成績將依據一份長篇報告決定，我們需要自行挑選一位詩人作為主題。那一年，我們也在課堂上寫下對詩詞的對應短詩，但不計分。交出期末報告之後一週，我被叫進那位詩人的辦公室。她桌上放著我打出來的期末報告，旁邊則是我每週用手寫的短詩。她指控我的期末報告是抄襲的，因為「寫出這些糟糕對應短詩的人絕對寫不出這種東西」。當時，我在布朗大學的英文主修成績有四・〇，還賣了一本書給大型出版公司，但是我再次遭人誣指作弊。有那麼一刻，我覺得自己又成了那個六年級的小孩，但我接著自問，問題真的在我身上嗎？不是。儘管那位名詩人在場，但我想起我媽會怎麼做，於是我破天荒第一次豁出去，爆粗口飆罵。我挺身捍衛自己，打破了玻璃天花板。

•

我和大衛寫書時，也在當地一所小學擔任志工，有一段時間負責輔導一個名叫威廉的孩子。在分配到威廉之前，我和他的特殊教育老師談過。她說，威廉的智能遲緩——這是羅德島州用來描述智能有問題的人的官方標籤。她說威廉無法閱讀、寫字，幾乎不會說話，也不會自己穿衣服。簡單說明過後，她帶我來到威廉的教室。威廉在他那個年紀算是高大，但步伐笨重。當時他就默默站在教室後面，像是在觀賞窗外的鳥兒。我自我介紹。他沒說話，也沒跟我握手，只是伸手指著那些鳥。

八點十五分，鐘聲響起，威廉班上的其他學生開始走進來，找到自己的座位，威廉卻沒有。他站在教室後面，看著他的窗外世界。我問威廉想不想找座位，他沒回答，只是轉向一排排的課桌，開始蹣跚走向一個後排的座位。然而，威廉停在第一個座位，上面已經坐著一個小男生；威廉不肯動。「我們繼續走。」我對他說，「該坐下來了。」威廉彎下身子，給了那小男生一個擁抱。「這是我今天感覺最棒的時候。」那個小男孩說。隨後五分鐘，我看著威廉從一張課桌走到另一張，每張都停下來，跟那些孩子擁抱、擊拳或擊掌。後來我才知道，他每天、每堂課都是這樣與每個孩子互動。我體認到，威廉沒有智能遲緩。他的情緒智商堪比甘地，他擁有耶穌的心靈智慧。

我坐在學校外面，想著威廉，也想著我自己。如果給我一樣我在乎的東西，我不會注意力不足，只會過度注意。我不會拼字，卻比我在布朗大學認識的任何人更會說話。在足球場上，我能看到別人絕對看不出來的戰術。我是建立者、說話者、探索者。旁人花了好多時間專注在我的毛病上，久到讓我看不出自己的優點。

離開那所學校時我自問，當我們將差異變成問題時，我們錯過了什麼——我們刻意忽視、誤解、無法理解什麼？我認為是一切。

•

某天晚上，大衛在閣樓裡問我，如果可以，我願意擺脫我的學習障礙嗎？如果是在就讀羅耀拉瑪麗蒙特大學時，還有進入布朗大學的第一天，我絕對會說願意。但此時我卻困惑了。大衛和我在那裡，腦袋一如以往，但我們正逐步邁向成功，而非痛苦掙扎。我還有學習障礙嗎？

在我看來，我的過往已然不同了。我一向對自己無法乖乖坐好感到羞愧，但那有何重要？別人一直告訴我，閱讀是一個人能做的最重要的事，但它不是。自從潘尼坎普小學之後，就有一套文化價值創造了對某些腦袋和身體友善的環境，但那些並不是全部的腦袋與身體，甚至連大部分都不是。人們將符合標準與優秀混為一談。閱讀與聰明混淆，正常與正確混淆，而不正常則被誤認為錯誤。在那個環境和許多其他環境裡，大衛和我受到的待遇彷彿我們不如人，而我們長大後竟也以那種角度看待自己。

我逐漸明白，一個人並非天生就有障礙。他是被迫變成有障礙者。正常、能力、障礙不是一個人自身的特徵或事實，而是人類變異性的現實和限制、圍繞、促進或消除差異的社會環境之間的一種關係。能力與障礙取決於社會脈絡，主流的想法、態度和所有社會習俗，都會決定哪些身體、哪些腦袋、哪些人會被稱為對或錯的認知。

我給大衛的回答是不願意。

•

「你應該為你的差異而驕傲。」羅伯特常這麼對我說。驕傲？我所見過、像我這樣的人，沒有一個感到驕傲的，就連大衛也是。接受，或許。敞開心胸，當然。但絕對不驕傲。羅伯特說：「你應該去本地的小學對和你一樣的孩子說說你的故事，我敢說他們會感到驕傲。」

我決定要證明羅伯特說的不對，於是安排到一所學校對學生演說。我的演說很糟糕；四十五分鐘全程都在怒罵傳統教育的失敗、有差異的人遭到邊緣化，以及殘障的社會建構，對象是……小一學生。結束後，我看到一張張感覺無聊的臉孔，便立即走向出口。但在我離開之前，一個六歲的小男生跑來找我。他感謝我蒞臨，告訴我他在學校過得很辛苦，可是現在已經不覺得自己愚蠢了。接著，他給我一個擁抱。羅伯特說的沒錯。

我回到宿舍房間後打給大衛。「我們應該創立一項計畫，讓布朗大學裡像我們這樣的學生去輔導那些跟我們一樣的小朋友。」大衛瘋狂大笑。「這是我聽過最爛的構想。

像我們這樣的人？輔導？」他掛掉電話。一秒鐘後他又回電：「我加入。」

我們將這項計畫命名為「共識」。我們招募了五名福克斯角小學的學生及五名大學生輔導員，其中一名來自羅德島設計學院，其餘的來自布朗。這是一支雜牌軍：大衛．柯爾（每次開會都遲到）；莎拉，就讀羅德島設計學院，這是她換得緩刑的條件之一，因為她在波士頓進行一項公共藝術計畫時，把地鐵入口畫成了陰道；另一個大衛是專業魔術師；一個名叫派翠西亞的女士拍攝了長達二十四小時的前衛電影；最後是名叫布蘭特的男生，長髮及腰，滿臉鬍鬚，看起來就像耶穌，他在哈佛面試時假裝頭部著火，在地板上滾來滾去，痛苦尖叫。布蘭特沒錄取哈佛，但進了布朗大學，這在在顯示布朗的特色。完美的輔導員？這些人可不是。

計畫執行的第一天，我們不知道自己到底要做什麼。典型的「船到橋頭自然直」。我們打算每個人與一名學生分享自己在學校的經驗，然後進行一項藝術創作。配對完成之後，我們開始各自與孩子們進行一對一對談。我搭配的孩子是艾力克。談了二十分鐘之後，我稍事休息，想看看其他組別進行得如何。第一組就令人大開眼界。布蘭特跟三年級的吉米交談，吉米有心理醫師所知的各種標籤：注意力不足過動症、強迫症、對立性反抗症，還有一堆尚待發掘的症狀（時間到就會冒出來）。他是一個受了傷的孩子。

他的老師說他非常害怕學校，因此早上會躲在床底下，求他的奶奶別逼他去上學。

我一來到離布蘭特和吉米不到一點五公尺的地方，就聽到平常輕聲細語的布蘭特正在對著吉米大吼。「吉米，」他扯開嗓門，目露凶光，拚命揮動手臂，「你今天如果要學會一件事，就必須知道正常人……很爛——他們爛透了，吉米！」好尷尬的對話。我心跳差點都停了。我當下不知道該做什麼或說什麼，只好假裝沒聽見現場有一名輔導員在對三年級生飆罵。當天晚上，我打給布蘭特，對他大吼。你怎麼能對小孩子說那種話？你在學校說那種話是在想什麼？我飆罵的時候，布蘭特不發一語，直到我說完他才開口：「是真的，正常人確實很爛。」他接著掛了電話。

我希望船過水無痕。事發當時校長沒出現，老師也不在場，所以我們能忘掉這件事。可是我錯了。隔天早上，我接到福克斯角小學校長的來電，她客氣地請我到她辦公室討論昨天的事。我開車到學校，腦中演練過我能為毀了這個孩子而道歉的各種方式。當我進了校長室時，不但校長在場，吉米的奶奶也在，證實了我的擔憂並非胡思亂想。我踏進校長室那一刻，吉米的奶奶隨即站起來，指著我說：「你對我孫子做了什麼？」「我什麼都沒做，是那個叫布蘭特的。」天啊，我會害他被她罵死。

吉米的奶奶雙眼泛淚。「這三年來，我孫子上學前都躲在床底下。三年來，從家裡到學校的路上，他總是哭著求我調頭回家。可是，今天他很早就起床在車上等，準備上學。你到底對我孫子做了什麼？」我看著她說：「喔，是我的好朋友布蘭特。」在吉米的人生中，第一次有人對他說他沒有缺陷，他不是問題，而這個舉動幫助他離開床底，面對一個不是為他而存在的世界。

•

二〇〇〇年五月二十五日，我從布朗大學畢業，獲得英國文學優等學位。我與大衛在布朗大學就讀時合著的書《逆線性學習：問題學生也能上長春藤名校》在九月出版。「共識」也擴展成了一個全國性的組織。

但是兒子啊，你們要知道，我在布朗大學發生過最重要、改變了我一生的事並不是那本書，也不是「共識」、大衛、羅伯特或葛蕾西拉，而是認識你們的媽媽。我在劇本寫作課上認識她，見到她的那一刻我驚為天人。我過了一個月才開口跟她說話。那段期間，我每天下課後從遠處跟隨她，試圖鼓起勇氣。最後我終於開口，我們開始互通電子郵件。我戰戰兢兢，花好幾個小時寫信、檢查拼字，重讀我那些只有四行的電子郵件。我不能讓她知道，時間還沒到，也許永遠不能。

我們第一次約會是在一家咖啡館。第二次，我到她宿舍接她吃晚餐。我探頭看了一下，慌了起來。你們媽媽房間的牆壁宛如供奉紐約尼克隊的聖殿，尤其重視派屈克·尤英，尼克隊那位兩百一十三公分高的中鋒。我心想沒希望了，因為我顯然沒有她需要的。她注意到我臉上的表情，用笑聲化解了尷尬，接著告訴我尼克隊和美國職籃的相關知識；她懂的比大部分體育主播還多。她知道各球隊的先發陣容。這是她的諸多熱情之一，像無法壓抑的同心圓般從她體內迸發而出。我的貝琪是個愛慕派屈克·尤英、崇拜約翰·史塔克斯[4]、會跳西非舞蹈、西班牙語和美國手語流利、個性強悍的紐約客。我戀愛了。

最後我將我的學習差異告訴她。認識滿一個月時，我寫了一張錯字連篇的信給她。她沒笑，也沒把信揉成一團。那封信至今還擺在她的皮夾裡。多年後，在我們訂婚之後，我問她是否確定要結婚，因為要是有了孩子，他們可能有一個會跟我一樣。「一個孩子像你，」她說，「那就是我想要的。」

沒有人比得上你們的媽媽更讓我害怕。沒有人教我的事情多過你們媽媽。在我人生

4 約翰·史塔克斯（John Starks），知名美國職籃球星，主打後衛。

中，也沒有人比她更愛原本的我。

•

殘障理論學家托賓・謝伯斯寫道，抗議、反抗、療癒就是去拒絕與你有關的虛假說法，就是去批判提出這些說法的現有知識狀態。他寫道：「抗議不公正待遇的人開始發展出反對主流意見的理論，不只關於他們自己，也關於那些支持貶抑行為的社會特質。」抗拒正常需要重新整理我們把哪些人、哪些事稱為「問題」。令我殘障的不是過動症或閱讀障礙，而是限制；不是我自身，而是環境當中的限制。

如今我知道，這就是限制我的框架：被動的學習經驗，孩子幾乎整天坐在課桌前；狹隘的智慧定義，它與閱讀與其他右腦能力合而為一；差異被醫學化，將我的腦袋貶低成缺陷，忽視了與許多腦部差異密切相關的優點。

我要你們知道，過去與現在，我都沒有一般所說的殘疾，而是在無法包容、接受我差異的環境裡體驗到殘障。令我殘障的，是我的差異在環境中受對待的方式，那個環境選擇性地敵視某些身體與腦袋。能力、殘障與異常都不是這世上的事實，而是這個社會創造出來的社會建構。

這是傅柯所稱的「交易性現實」（transactional reality）——由公共政策、專業權力以及兩者之間所有一切所創造出來的一樣東西。就像正常一樣，「不正常」並不是這世上被人發現的東西——它沒有活在人的身心當中。它不是個人的不幸或缺陷。它是一個正常化與殘障化社會環境的產物，而這個環境是為了正常者而建立，卻損害了每個不一樣的人。這才是問題所在。

# 第七章

# 新正常

當被一連串可變動的規範所界定的人，以正常為標準，去衡量自己的關係和生活方式的價值時，就等於展開一種社會自殺。

——邁可・華納，《正常的問題》

有些壓迫與宰制的形式變得隱而未現——新的正常。

——傅柯

有一天晚上，你問我：「規則是誰定的？」當時你才六歲，正在讀幼稚園，規則、制定規則的人，還有規則的公平性非常重要。那是星期二晚上九點，當天我們早上五點就起床了。這顯然是可以進行機會教育的時候，但我卻沒有好好把握。

「規則很重要，」我打了一個不想搭理的哈欠說，「現在回床上睡覺。」

這個經證實有效的老掉牙教養招數滿足不了你。「不行，爸！」你大叫，「我想知道規則是誰定的！」你真的很不高興，我心想，是在學校發生什麼事嗎？你雙手伸得長長，費盡力氣大喊：「是誰規定女人在海邊得穿上衣的？」看來這個社會議題你已經思考很久了。「什麼？」我問。「是不是有一天有個男的走進市政府說，喂，你們這些女生，我再也不想看到你們的胸部了？」我啞口無言。還沒完，你又繼續說：「要是男人的陰莖長在臉上呢？那怎麼辦？他們出門得戴特殊口罩，看起來像小木偶嗎？不用。那種事不會發生。所以我想知道，什麼才算正常的規則是誰定的？可以改變嗎？」

•

這問題的第一個部分很簡單。這世界並不是為了不同者建立、而是為了相同者，設計者則是握有權力的極少數人。

第二個問題就比較難：這些判決能推翻嗎？我知道正常從過去到現在始終不斷在改變面貌。正常不是這世界上的一項事實，而是我們創造的一種歷史建構，而且已證明是可調整、具有可塑性、可改變的。粉紅色和紫色在某世紀對男生來說是正常的顏色，下個世紀則對女生才正常。這個年代的理想體型是碩大豐滿，下個年代則變為苗條纖瘦。

正常能改變，也確實會改變。我已經指出正常不斷改變的例子，證明正常性的虛偽。今天是這樣，明天變那樣。以前我相信、也主張這種善變證明了我們能創造一種新的正常，它含括更多人，以及更多在根本上讓差異變得……正常的方式。可是我現在已經不抱持這種看法。現在我知道，雖然正常會改變，有可能出現新的正常，但它掌控我們的力量依然不變。我相信「正常」這個詞、這個想法，以及它代表的價值，不可被利用、挪用或是改變目的，而是必須被抗拒。我想告訴你為什麼。

•

過去我不全然認為我們必須抗拒正常。事實上，就跟許多發現自己身處在正常的對立面的其他人一樣，我也渴望正常。我曾以自己的不一樣為恥，以為假裝正常會讓自己的處境好一點。可是沒有。我逐漸接受我的學習差異真的是缺陷和障礙。最後，在我大學生涯即將結束之際，我重新認定了這些障礙，視之為社會建構，而問題不在我身上，而在環境。原本我希望到此為止：如果我所謂的障礙是不真實的社會建構，那麼我就正常了，不是嗎？在我人生的那個時間點，我還是希望能變正常，因為不正常向來低人一等，而宣稱正常就是企圖重新找回自我。

但現實並非如此。這個重新找回自我的舉動其實是在自我否定。每個社會都努力整合與接納差異。社會制度不是矯正差異，讓它消失，就是納入、甚至容忍某些類型的差異，視之為正常——也就是不必改變的差異。只是宣稱要擁抱多元，改稱某些差異為正常，但世界卻維持不變，這等於是在告訴像我這樣的孩子，說我們都不一樣，接著就把我們放進一個要求、並強迫我們別再與眾不同的社會環境裡。

從布朗大學畢業後，一路跌跌撞撞至今，我體驗到了這種虛偽。畢業後，我搬到紐約市。如今回想起來，我沒有可行的人生計畫，即便當時我自以為已經完全像潛能開發專家東尼．羅賓斯所說的那樣，擺脫了人生低潮。我在公園大道與麥迪遜大道之間的二十九街上找到一間公寓，大約二十八坪，兩房兩衛，月租一千五百美元。這租金在紐約簡直划算得不可思議，好到不像真的。公寓位在一家印度餐廳樓上，所以附送一個室友——一隻愛吃咖哩的老鼠。牠體型跟一隻小貓差不多，就住在我臥室的一個洞裡，離我的床只有十來公分。這隻老鼠晝伏夜出，所以我用《尤利西斯》堵住洞口。牠不是喬伊斯的書迷，便開始拚命啃書，把那本七百頁的巨著啃出一個洞。那棟公寓大樓正好介於兩個警察管區中間，結果就成了當時紐約最大、最繁忙的阻街女郎集中地。

在專業上，我以為我會搬到紐約，我的書會成為暢銷書，還因此賺大錢，而下一本的出版邀約會如雪片般飛來。我也以為這次成功會為「共識」打開贊助大門，讓它成為全國性的非營利組織。

結果，這座人口八百萬的城市早就有許多作家和非營利組織，無人願意贊助我們。我一一打電話向各基金會募款，但都遭到拒絕，他們也請我別再打了。到了八月，我差不多坐吃山空了。我又覺得自己逐漸消失；這顆閱讀障礙的腦袋也許不像大衛所想的那麼猛。也許我騙了大家，而如今真相大白。我利用在布朗大學的成功表現，在成績表上貼滿過去從未有過的金色星星，讓自己感覺良好。你若是從成功中得到價值感，那麼永遠都會有另一顆金色星星要去追逐，接著還有另一顆、又一顆。那年夏天，我爸問我，要是寫作和非營利組織都行不通，那我有何打算。我告訴他，我會去上法學院——如果真有那一顆金色星星的話。

那年夏天，我決定自力救濟，在各個討論學習與注意力問題的聊天室流連。我會直接寄電子郵件給別人，結果那根本是騷擾者才會做的事。不過，有幾個勇敢的人回了信，主要是家中有像我這種小孩的母親。我告訴他們我可以免費到他們社區演講，只要他們安排場地，並讓我在他們家打地鋪。這種公關「策略」算是奏效了，因為隨後一年我都在全國各地巡迴，接受幾個有膽子回覆我錯字連篇電郵的媽媽們的支援。我睡在她們家的沙發、地板，或是她們孩子的床上（小孩沒陪我睡），對任何願意聆聽的人談我的書和我的經驗。

透過一個名叫莉亞的母親的協助，我在「巡迴打書之旅」期間發表了第一場的正式演說，談我在學校的經驗，對象是聖地牙哥某學校特教班的一小群六年級學生。這些學生是第一批見識到我剛開始發展、非常專業的公開演說風格的聽眾：意識流般的激動怒罵，說些不該在孩子面前說的話。那場演說我記得很清楚，因為有那麼一刻，我決定談一個名叫馬汀．塞利格曼的心理學家，他研究的是活在痛苦中的生物，我也告訴孩子們他最聲名狼藉的實驗。他在實驗中打造了一只籠子，分成兩半。籠子兩邊都通了電。接著他將一隻狗放進籠內，實驗內容就是在狗企圖脫逃時從兩邊進行電擊，並加強電擊頻率和強度，直到牠沒有安全的地方可去。

老師露出驚恐的表情，但我還是繼續說下去，告訴孩子這實驗讓我想起我在學校的日子。我聽得見老師倒抽了一口氣。我解釋兩者的類比：我早上出現在學校，開始跳來跳去。「強納森，去走廊罰站。」第一次電擊。下一堂課是閱讀。拿起《看點點在跑》，整天都聽到其他小朋友在嘲笑我。「強納森，滾回你的遲緩閱讀小組啦。」再次電擊。接著是下課時間，在教室裡最後被挑中的人往往也是遊樂場上最後才會被同學選進一起玩的人——那就是我。又一次電擊。再來是大聲朗讀時間，我躲在洗手間裡。又是一次電擊。然後我回到家，我爸一開口就說：「強納森，你是怎麼搞的？」最後一次電擊。所有電擊齊發，我無處可躲。

等到我說完這個故事，老師拚命比手勢要我停止。我沒停，反而問大家，他們認為那隻一直痛到不行的狗發生什麼事了？我還記得現場的回答是一片靜默。沒有人動，沒有人彼此眼神接觸，沒有人呼吸。那隻狗的故事對他們來說是有意義的。最後，前排一個孩子舉起手。他告訴我他叫邁爾斯。他有一雙藍眼睛，頂著一顆髮尾是金色、還有紫色挑染的爆炸頭。他的背包用安全別針、封箱膠帶和龐克樂團補丁縫合。他看著我的眼睛說：「如果那隻狗有相對的拇指，也能拿打火機，牠就會抽大麻。」

大家都笑了，唯獨邁爾斯自己沒笑，他說：「嗑到嗨之後，牠就會自殺。」沒有人笑。教室裡瀰漫著一種有人說出不該說出的真相之後的死寂。我站在那陣沉默當中，直到再也受不了，接著就離開教室，在走廊上哭了起來。

•

我們大可說差異是正常的，但現實是，儘管我們大談差異，以及正常的觀念有望擴大——新正常——但正常性的裁判者還是沒放棄要找出將圓椿硬弄成方形的新途徑，而且其實還是同樣的老方法。從那天起，我聽過幾千個人說覺得自己沒希望、低人一等，就像邁爾斯那樣。多年來，我經常在思考這些故事。我說出了我的故事，卻依然不瞭解這些人。我依然感到羞恥，因為我的遭遇沒那麼大不了，對吧？至少外界讓我這麼覺得。我閱讀、拼字、坐好都有困難。大家試圖幫助我，那麼我在十二歲時為什麼會不想活？是我軟弱嗎？我懦弱嗎？我常思考這些問題。可是，我並不孤單。

儘管侈言多元，不正常的範圍卻繼續擴大。我們的社會環境、學校、職場和團體的限制沒有變少，反而變得更多，結果被歸為腦部及身體障礙的人還比以往多。美國精神醫學會出版的《精神疾病診斷與統計手冊》各個新版本平均都比前一個版本增加了百分之二十五的「病症」。特殊教育是美國成長最快速的教育形態，像是害羞這種以往被視為差異的特徵，如今卻都成了病症。當然了，創造異常的機構的收益還是越來越多，因為矯治與藥品產業也順應潮流加以配合。我猜，從某個角度來說，我們確實有一個新正常，而那個新正常就是相較於歷史上其他時刻，如今有更多人被歸類為不正常。

腦部與身體差異依然不斷被視為是需要治癒的缺陷。以下是一個驚人的案例：二〇〇八年秋天，研究兒童與青少年精神健康的紐約大學兒童研究中心發動了一項全國公益宣導計畫，希望提升各界對兒童精神健康問題的重視。這項計畫包含在紐約市兩百多處的看板、建築工地以及售票亭的廣告，以及全國報紙、雜誌與網站上的廣告。我在《紐約雜誌》看到的第一則廣告是一封手寫信，類似綁匪寫的那種，上面寫道：「你兒子在我們手上。我們會讓他不停扭動＋坐立不安，直到他傷害自己和身邊的人。不理會這封信＋你的孩子就會付出代價。」署名是注意力不足過動症。另一封來自自閉症的信寫道：「你兒子在我們手上。我們會確保他只要活著，就無法照顧自己或社交互動。」亞斯伯格症的信寫道：「你兒子在我們手上。我們會破壞他的社交互動能力，將他帶進一種完全孤立的生活。現在就看你了。」另外還有其他六封「勒索信」對差異傳達了相同的訊息：「這只是開始……不理會這封信，你的孩子就會付出代價。」

•

我開始認為，不否認差異，就不可能宣稱差異是正常的。我歷經多年漫長的過程才形成這個信念，一切始於一個名叫傑克的孩子。在聖地牙哥的首次演說後，我過了六個月在別人家打地鋪的日子。只要有人邀請，我就四處免費演講。直到隔年春天，我才做了第一次收費演說，那趟行程是吉兒安排的。有少數幾個勇敢的人回覆了我那年夏天狂寄的郵件，自告奮勇為我安排一連串的演說行程，吉兒就是其中一人。

我提出免費演講的想法，但她找到一所學校願意付我兩百五十美元向學生演說。我簡直像中了頭彩！當時我已經沒錢了，只能用零錢購買前往機場的客運車票。吉兒到機場接我，我們直接開車到學校。停車時她告訴我，我要去的這所學校「非常傳統」，接著又以會讓美式足球包裝工隊球迷感到驕傲的第三代中西部口音補充說，「可是天啊，他們人超好！」

校長出面迎接我。他和我握手，「我們好期待你來！你真能激勵人心，學生必須知道他們能克服自己的問題。」校長帶我參觀學校。不過，我注意到了某間教室。我們經過時，我似乎看到教室後面有個學生在一個像是箱子的東西裡跳上跳下。我問校長能不能看看那間教室。「沒問題！」他熱情地說，「這是我們最優秀的老師。跟你一樣擅長和孩子相處！」

那不是我的幻覺。教室後面有一個用廉價膠合板書架拼成的箱子，高約一公尺，箱子裡有個學生。我從沒見過這番景象。我轉向校長。「校長，那箱子是怎麼回事？」我指向教室後面客氣地問。「噢，那是傑克。他跟你很像，坐不住。」他的語氣不帶一絲諷刺意味。

我不確定這傢伙是不是在開玩笑（中西部的人有時候很難搞懂）。「你是認真的嗎？」我問。「你們教室後面的箱子裡有個叫傑克的孩子？」我問。「對。」他冷冷地回說。我無言以對。在我還來不及問是不是還有別的孩子以其他方式受到這種羞辱式、足以影響人生的監禁時，就被帶進另一間教室準備演講。

在等待孩子們抵達時，我坐在一張紅色小椅子上，消化剛剛所見。我覺得噁心。他們竟把一個名叫傑克的孩子擺進箱子裡。這樣實在不對。一點二十五分，鐘聲響起，學生魚貫進入教室，當然，傑克也進來了。他在教室後面找到座位，低著頭，腳跳踏著，敲著鉛筆，沒有看我。

老師起身介紹我，用一個邪教般的手勢示意大家安靜，接著是一套複雜的鼓掌動作。孩子們安靜下來之後，她說：「強納森以前跟你們一樣。他有學習和行為問題，可是他努力克服了閱讀障礙。我們來歡迎強納森！」

我慢慢走到教室前面。演講之前我通常不會緊張，可是那天我卻喉嚨緊縮，掌心冒汗，有點不對勁。我的故事被拿來告訴這些孩子，他們的差異是得努力克服的缺陷。在這裡，差異會被包容，甚至頌揚，只要他們不要求學校改變。我被邀去向那些孩子呈現我的差異，強化了我們全都應該一模一樣的想法。

雖然當時我不知道專業術語怎麼說，但那一刻我感到自己之所以受到讚揚，套用大衛・米契爾和莎朗・史奈德的話來詮釋，是因為我有接近「特定的正常期望」的能力。誠如他們所寫的，這種「包容」能容忍差異，前提是只要這些差異不去要求任何機構做過多的改變——這些機構只會重申和強化一套歸屬與接納的狹隘規範。換句話說，差異也可以是正常的，只要正常能維持原狀。

這並不激勵人心，反而是對人的羞辱。我看著教室後面的傑克，內心知道他需要聽到另一種訊息。過動症不是他的問題，那個箱子才是問題。我始終感受到正常性的極度不公平，即使我並不瞭解它。正常人始終需要我們、利用我們，因為沒有我們就沒有他們。這樣是不對的。

我走上講台，感謝學校邀請我，然後轉述我在羅耀拉瑪麗蒙特大學的心理醫師所說的：「我沒有克服閱讀障礙，而是克服了教學障礙。如果你與眾不同，那學校就會很爛，但那不是你的問題，是他們的問題。」我不記得當天還說了什麼，只記得演說結束後傑克擁抱了我。結果校方沒付錢給我。

•

正常，即使是新的正常，一向都是根據不正常的人事物而定。一定有外，才有裡。對我來說，大學畢業後，跟許多人的情況一樣，外就是有「重大」認知與身體差異的其他人。有很長一段時間，我堅信我跟「那些人」不一樣。我的差異是社會建構下的產物，因為社會對學習與正常人腦的定義非常狹隘，而且有瑕疵，差異才因此變成障礙。無論「那些人」覺得自己處於什麼環境，他們本質上真的都是不正常的殘障腦與身體。

抱持這種狹隘、偏執信念的不是只有我。學習差異的族群中有許多人都因為同樣的理由，而刻意與廣大的殘障社群保持距離。為了從鐘形曲線底部往上爬，你需要踩著底下的某個人。想留在正常正確的那一邊，就必須有人待在錯的那一邊，而且總有人會在那一邊。

那年旅行時，我遇到亨利，年輕的他就處在錯的那一邊。我是在PEAK家長中心在科羅拉多州丹佛舉行的年度包容教育大會上見到亨利。那是我第一次專業主題演講，地點是可容納一千多人的宴會廳，有講台、麥克風及漂亮的燈光。成為專業演說者絕非我的計畫，我只是有人找就去演講，熟能生巧，而且學會了不在孩子面前說太多粗話。不過先前都是在家長教師聯誼會結束之後，在亮著日光燈的學生餐廳裡對十二個孩子演講，因此這場大會是一大躍進。但這不表示我對這場活動已做好專業的準備。當時我不太喜歡做太多準備，大多是現場即興發揮，所以事先對PEAK幾乎毫無所知，也沒花時間先做功課。我以為那只是一場有學習與注意力差異的學生家長及老師參加的大會。

PEAK執行董事芭布希望我和她兒子亨利在飯店先碰面，她說我和亨利有很多共通點。她說，亨利有許多跟我一樣的經驗，也在困難重重下上了大學，在地方大學與人合教過教育課程。我抵達後沒看到有人來迎接，於是走向櫃臺辦理登記手續。這時，芭布拍拍我的肩膀，她認出我了。她旁邊是一個趴在看似電動病床與輪椅綜合體裝置上的年輕人。「真高興見到你，」芭布說，「這是我兒子亨利。」

我環顧飯店，想看看芭布指的是誰，這才發現是她身邊輪椅床上的那個人。我看著亨利。他全身癱瘓，只有一隻眼睛例外；亨利靠呼吸器呼吸，趴臥的身體上插滿各種管子，透過一個類似摩斯密碼的眨眼系統與人溝通，芭布則替他翻譯。這個人跟我完全不一樣啊，芭布顯然是在妄想。「幹嘛？」芭布對我說，因為我盯著亨利看。「你沒見過屎拉在袋子裡、用眨眼來說話的大學老師嗎？布朗是什麼樣的學校啊？！走吧，我們帶你參觀一下。」

我和芭布及亨利相處了兩天。她不斷讓我想起我媽，談吐粗俗、個性強悍、不屈不撓。她聽到關於她兒子的那些事，就跟我媽聽到關於我的一樣。無數的身心缺陷個別教育計畫會議、對她兒子的未來抱持極低期望，以及因為他的差異而受到的歧視。亨利也和我分享了他的經驗，那些與我的經驗差不多——但原因不同。他遭人取笑、被送去接受特殊教育、他的才華遭到忽視、心智價值遭到質疑，而且由於他不正常，他覺得自己不如一般人。

大會期間，原本我為了確立自己的正常性而讓我的新正常去迴避的「那些人」，與我分享了他們遭受歧視、掙扎與痛苦的故事。這些故事在在對照和反映了我的經驗。妥瑞氏症的比利在學校被人用膠帶綁在椅子上；坐輪椅的瑪麗安娜遭到開除，因為她上班遲到……而辦公室沒有無障礙坡道；別人告訴唐氏症的雪莉，她只能做煎漢堡這種工作，一如我當初所受的對待。我見到有差異的人越多，就越發現原因不在他們身上。原因在於我們。原因不是自閉症，而是霸凌；不是行動障礙，而是特殊教育的隔離與羞辱。就像我自己在布朗大學得到的結論，造成這些人殘障的並不是差異，而是因差異所受到的待遇。

這場大會以一場舞會作結，地點是一個單調乏味的企業宴會廳。天花板垂吊著粉紅色彩帶，閃爍的燈光照亮各個角落。所有參加者無不盛裝打扮，準備狂歡一番。有的人穿上正式禮服。有個男的穿著燕尾服，其他人則走紐約西村萬聖節遊行風格：坐輪椅的男女牛仔、戴著呼吸器的性感吸血鬼，還有一個至今我仍努力想搞懂、有閱讀障礙的蛋頭先生。DJ是一個患唐氏症的年輕小姐，她十分興奮能到場，有可能是喝了太多咖啡因，打定主意要讓派對嗨到最高點！

這是我們特教學生的畢業舞會。

我和亨利與芭布站在宴會廳後面，不太願意加入歡慶陣容。「想跳舞嗎？」亨利問道。「不了，謝謝。」我說，此時DJ正要大家「走進舞池，讓我嗨翻天！！！」「我不太喜歡跳舞。」我撒謊。其實我很喜歡跳舞，卻對在眾人面前跳舞感到尷尬，因為我中學時的一個遭遇。七年級時，我在這世上最愛的歌是 Vanilla Ice 的 Ice Ice Baby。我很愛這首歌，不但記得所有歌詞，還自己編了一套複雜的舞步。好吧，複雜是有點誇張啦。就是將奔跑舞做各種變化：這一段快速奔跑，下一段慢速奔跑，接著側邊奔跑，再換一邊再側跑，接著副歌變成超快速倒退跑。我這輩子只在眾人面前跳過一次，七年級的聯誼活動，結果被大家恥笑，從此之後我跳起舞都覺得不自在。

我把這故事告訴亨利，但他就是明白我的感受。「別擔心看起來很拙啦，」他（眨眼）說，「你不可能比我們這些怪胎更怪。」我望向舞池，發現他說得很對。舞池裡，一個智能障礙年輕人的表演只能用垂死的蠕蟲來形容，一群坐輪椅的人正在跳康康舞，一個有多重差異的孩子似乎比我的奔跑舞更上層樓，還多添進一點變化，在嘻哈街舞的舞步之間繞著舞池跑。我看著亨利，再看著芭布，「我想你們說得對，差異在這裡是正常的。」芭布笑著說：「不一樣在這裡就只是不一樣而已。」

亨利把輪椅床推到舞池中央，我跟在後頭。你永遠不知道會從一個不會說話的人身上學到什麼。我始終緊抓著要追求正常的夢想，堅持了好久。小學那些年，當我接受診斷，走出心理醫師的辦公室時，我知道我不正常，而不管正常是什麼，我都想變成那樣。我大半輩子都在努力想變正常，隱瞞與正常範圍不符的那些部分，和自己對抗，屈服於正常的狹隘性，透過它狹小的孔徑來界定我自己的價值。但是和這些怪胎在一起，我已經不再那麼篤定了。變正常已經和快樂及價值合而為一，界線的那一邊比較好。可是，或許不是這樣。這些人並不想努力變正常，或宣稱自己很正常，因此，他們能自由自在地與眾不同，盡興地做自己。最後我鼓起勇氣，請ＤＪ播我的歌。她順應我的要求，我在舞池裡找到一個位置，在原地奔跑，彷彿我的人生就靠它來延續，儘管沒有前進，但沒有人笑我。

芭布說得對。我們不能讓差異變正常，因為正常並不存在。那始終都是虛構的統計數字，而且永遠都是。我很樂意指出，就連正常性的裁判者在這一點上也都同意我的看法。在整個諾曼—諾瑪標準瓦解之後，正常性的裁判者不再裁決。他們明白，當他們找不到實際上的正常人，正常就必須退場。再也沒有正常與不正常，再也不必將圓椿磨成方形。

我開玩笑的。

這些裁判者才沒有放棄他們的使命。在諾瑪與諾曼之後，他們還是繼續堅持，以更精密複雜的工具與科學的嚴謹度來評斷什麼才是正常人。結果他們發現了什麼？

一九五〇年代，美國農業部奉全美郵購協會之命，以「正常」身體為依據，發展出一套適用於整個服裝產業的尺寸標準。他們測量了超過一萬五千名女性（當然，全是白人），發現「一般女性的身體尺寸用途有限。美國女性的尺寸太大，無法符合為一般婦女生產的服裝。」世上沒有所謂正常女性的身體，因為人體的「形狀與大小多得令人眼花撩亂」。

一九九〇年，「人類基因組計畫」啟動，目標是判別一般的人類基因組。這需要同時從生理與功能觀點來辨識、描繪所有構成人類基因組的基因。然而，鑑於沒有兩個人的ＤＮＡ是相像的，描繪「人類基因組」就需要將一小批人的基因進行排序，再將之集合起來，得到每個染色體的組成或組合。當這個計畫在二〇一〇年提出結論時，這些研究發現的「正常」人類基因組其實是一個集合和抽象概念，就像諾瑪與諾曼那樣的正常。結果，誠如科學作家麥特．瑞德里所寫的：「變異是人類（或任何）基因組在本質上不可或缺的一部分。」

二〇〇九年七月，時任美國總統歐巴馬推動耗資五千萬美元的「人腦連結體計畫」，為期五年，由美國國家衛生研究院贊助。該計畫的目標是要建立一個正常健康人腦的「網絡圖」。由多所大學合組而成的研究團隊至今已掃描了超過一千兩百名、年齡介於二十一至三十五歲間的「健康」人的腦部。但這些掃描結果根本無法辨識出健康腦有什麼普通、一般或正常構造。前國家衛生研究院計畫主持人湯姆．因瑟爾表示，正常健康的腦之間有龐大的變異，「不能斬釘截鐵地說這個正常，那個異常。」

二〇一一年，世界衛生組織展開了世上規模最大的失能、能力與一般功能研究。這個研究指出，世界上有超過十億人有某種形態的失能，此外還有兩億人年老時會在一般功能上出現嚴重障礙。另一項研究顯示，百分之四十的人曾有過幻聽；一半的人未來將出現精神健康問題；四成的人屬於神經多樣性；另外，年老後，五成的人會在某個時候面臨身體障礙。我們的身心健全都只是暫時的。從統計數字來看，被歸類為精神與身體「異常」或是障礙是人類處境的必然，實際上，這就是人類的處境。

•

相信你們現在已經懂得那個笑話了。它並不好笑。每當歷史上有人企圖想找出正常人，發現的都只是人類有變異與差異的事實。宣稱差異是正常的，就是在否認這項事實。我們無法擴大正常的範圍，創造出一種新正常，因為正常永遠都要視什麼是「不正常的」而定，而且只有在人類變異的龐大連續光譜上畫出一條界線時才存在，而那條線分隔出了正常與不正常、我們與他者，以及我們與我們自己的現實。

我比以往更相信，我們必須否定正常是一個詞彙、一個價值系統，以及一種生活方式。因為在二十一世紀的數位監視經濟中，正常仍然讓所有人維持在他們對的位置上。就像大衛・米契爾與莎朗・史奈德所寫的，在這樣的環境裡，你我都被透過強調我們不完美來銷售商品，這些不完美被設定成是偏離範圍狹隘的健康規範的某種病症，也創造出另一種值得追求的正常。這些新規範提供動力給我們的智慧手環，在改善身體的無盡追求中追蹤我們不斷變化的差異，而像 Instagram 這種精心策劃的社群網絡，則創造出難以達到的形象與標準。比起過去，我們身邊如今圍繞著更多數字，成了告訴我們何謂正常的演算法，藉此催促我們要遠離差異，邁向一致。但這種一致性卻也不斷在改變，加深了正常化永無止盡的循環。在這場遊戲中，變得正常不是目標，而是一條你永遠到達不了的地平線，你會在它後退的同時繼續追尋，因為它會更進一步更往遠方退去。

正常向來是少數有權勢者的代碼，用來辯稱他們握有的權力與特權是這世上的事實，而不是靠踩著底層者的身心而得到的地位。這真是夠了。

誠如金賽所寫的：「正常與異常這兩個詞彙在科學性思考中沒有容身之處。」它們在你的、我們的生活中都沒有容身之處。差異不是正常的，而正常從過去、現在到未來都是一個統計上的虛構數字。差異是真實的，差異是必然的，差異是這世上的一項事實。事實上，差異就是世界。

# 第八章

# 正常人是你不太瞭解的那種人

真是狂妄。一方面，亞里斯多德學派認為演化或許得將萬物分門別類……另一方面，又有必要對我們實際生活在其中的多變世界以及多元的人們表示敬意。

——瑪姬．尼爾森，《亞哥號》

如果我們要創造一個更豐富的文化，而且當中充滿相對的價值，那麼就必須體認到整體人類的潛在可能性，形成一種較不獨斷的社會結構，而各種不同的人類天賦都能在其中找到適切的位置。

——瑪格麗特．米德，《性別與氣質》

有一天晚上，我正在寫信給你，你要我跟你「打勾勾」，保證我會去看我爸。當時我已經有五年沒見到他，也沒和他說過話。我對你說，事情不是拿起電話打給他那麼簡單。

「為什麼？」你問。

「我爸不是一個正常的爸爸。」我說。

「正常？」你挑起眉毛，提高音調，因為逮到大人說話自相矛盾，興奮得眼睛發亮。「正常？正常不是爛透了嗎，爸？」即將邁入青春期的你因為逮到我的虛偽而竊喜。「你不能原諒他嗎？我們難免都會犯錯。」

我沉默以對。

「打勾勾，答應我，你這星期會去看他。」

「我會傳簡訊給他。」

「不行，去看他。」你堅持。

「我會打給他。」

「不行，去看他。」你伸出小指。

「也許吧。」我說，但沒有打勾勾保證。

你轉頭面向臥室牆壁。「你想，要是我們這樣說你呢。還有，要是他死了，你去參加葬禮，見面時他已經死了不能說話呢？你會有什麼感覺？」我沒回答，因為真相很醜陋。兒子，我該怎麼向你解釋我爸已經頹廢太久，久到我應該不會有任何感覺呢？

我希望你知道，差異不是一種必須去克服、忍受、適應、矯正或規範的東西，而是人類本有的一項事實，它本身的價值值得受到讚揚。這說得倒是簡單，對吧？這句話很適合印在保險桿貼紙上，但就像你理直氣壯指出的，如果談到我爸和他的差異，最容易說的往往也是最難做的。

每個社會都在努力整合差異的現實，卻也失敗了。每個社會都努力想界定人類，但成效不彰。如今我相信我們之所以否認這個事實，是因為我們還不重視我們的多樣性、我們容易犯錯的特質，以及我們人類的脆弱。每個人都陷在這個掙扎當中，我也不例外，因為有時最真實的往往也是最難相信的。

•

真希望我能說我在遇見邁爾斯、亨利和傑克之後，學到了我需要知道的事，而後那段在二十五歲之前的日子便一帆風順——但其實不然。我以為巡迴全美、訴說我的「成功」故事就夠了。見到傑克那天根本不是我最後一次聽到有人說我已經克服了我的障礙。在另一批學生面前，校方又介紹我是一個「過去像他們一樣」、但現在已經「正常」

的人。我的故事不斷被扭曲為一個「克服」的故事，而我有時強化它，有時反抗它。我曾經希望、也以為成功——擁有長春藤學位、出過一本書、得過獎——就夠了。但其實不然。

如今我明白，我的那個人生階段正介於知道正常是一條死路，和不知道該以什麼取代之間。我花了好多時間想證明那些正常性的裁判者是錯的，結果反而證明他們對我／我們的看法是對的。我不想再那麼做了。

那段期間，我偶然讀到一篇很美的文章〈逃離羞恥〉，作者是殘障權人士譚美・湯普森。譚美早產三個月，出生時體重只有一千兩百克。雖然得以倖存，卻因為視網膜受損而天生眼盲。她在大學時診斷出水腦症，一種腦部積存過多腦脊髓液的疾病，害得她差點喪命。

她的殘障經驗與我截然不同，但在閱讀文章時，我相當驚訝我和她對於「與眾不同」的情緒反應竟是如此相像。她寫道：「我花了多年時間進行一項任務，瘋狂累積成就，想抵銷我的殘障，希望有朝一日我能找到赦免我殘障之罪的終極成就。寂寞和對成就的渴望始終是我人生的縫合線，激勵出無數脫逃的想望。我以為只要自己夠成功，就能逃脫我內心那種認為自己『不如人』的感受。」

讀著她的文字，我首度意識到我也在累積成就，試圖抵銷我的差異，期望只要我夠成功，就不會繼續自覺低人一等。我曾用細線縫合自己，然而線已磨損，我再度瓦解。我覺得自己隱沒在房間角落，依然不知道我是否還有未來，能否在這世上占得一席立身之地。因為受邀演講而離家時，我發現自己孤單地在骯髒的旅館房間裡喝著酒，有些日子甚至無法起床。

二〇〇一年秋天的某個晚上，我在紐約市西村一家酒吧跟羅耀拉瑪麗蒙特大學的老朋友見面。我最後記得的，是朋友說我變了好多，我有多麼不同，我有多成功。然後就沒了。隔天早上在家裡醒來時，我發現衣服上都是血。昨晚我毫無節制，喝了太多，但這只是一個帶有更深層意義的徵兆。我試圖用成功與正常來縫合內心那個傷，但它還是淌著血。我知道該是求助的時候了。

那年秋天，我又開始看心理諮商。諮商師名叫亞歷，我之所以選他，是因為他有無與倫比的非洲圖騰收藏，還留著讓我印象深刻的鬍子。跟我在羅耀拉瑪麗蒙特大學的諮商師蘇珊不同，亞歷的個性中規中矩。他在我們初次諮商時開口說的話，我單手就能數完。然而，他擅長在必要時深思熟慮地點點頭，接著說出我此生聽過說得最好的「再多告訴我一些」。一開始我還以為他常在諮商時睡著，只是他都騙過我，把快睡著時頭部的猛然抽動變成深思熟慮的點頭，接著再巧妙地適時說出「再多告訴我一些」。

亞歷在某次諮商中問起我的學校經驗；他用「嗯哼」適度回應，並在恰當的時機說「再多告訴我一些」。我說完之後，他安靜好久，而且還閉著眼。我心想：我終於逮到你打瞌睡了，你這個混蛋諮商師！我身體往前傾，打算在他面前彈手指，這時他卻睜開眼睛說：「你有沒有想過，自己是個有價值的人，不是儘管有這些差異，而是正因為你有這些差異？」

•

那句話一個字花了我五十美元，但每一分錢都非常值得。在人生那時候，我已經瞭解我的閱讀障礙是一種差異，而這個差異因為專為狹隘的學習類型所設計的學校環境而成為障礙，但我尚未宣稱我的差異是有價值的。這導致我心裡總是不踏實。我學到殘障的社會模式中有力量，但這還沒為我創造出一個持平看待差異的空間。我在布朗大學學到的社會模式裡，這些都是變成殘障的「損傷」或缺陷。但是，如果我的腦子不只如此呢？一如亞歷所說的，這些如果是真的差異，造成了損傷與挑戰，但這差異同時也在某個層面上具有我還不知道的價值呢？

我在布朗就讀時偷偷踏入這個領域。大衛和我設法說服自己，學習與注意力上的差異有其好的一面，只是我們看到的研究都在探討症狀與問題。每有一個探討腦差異之優點的受贊助研究，就會有至少另外十個研究是在強化腦差異是疾病的觀念，而這類研究往往是受藥廠贊助。這種情況從當時到現在幾乎沒有改變。

大學畢業後，我談到有必要重新將學習障礙界定成是有價值的差異，結果卻遭到專業人士指責，有時，批評聲音甚至來自學習障礙與過動症的相關圈子，因為我將它們貶低為不是「真的」障礙。對於宣稱障礙與差異有其正面價值這件事，各界的認知依然不一致，而這種不一致正是正常化龐大系統的一環。有差異的人在學校得到特殊待遇，他們的困境獲得認可，但條件是要他們願意將自己疾病化，強調自己的問題，淡化個人的優點，而且承認差異就是缺陷。

然而，大學畢業後我在巡迴美國各地時，看到越來越多人事物，都證明了不同的腦與身體的價值。我見到無法閱讀、但是能畫畫的孩子，無法寫出整齊的字、但說話流利的孩子，坐不住、但動作敏捷的孩子，還有注意力不集中、但能想像與發明的孩子。在我造訪的各州各城，「那些」孩子交給我漫畫和畫作、說笑話給我聽，分享贏得全國比賽的科展和實驗。我見到家長、老師和專業人士，他們將我拉到一旁，在耳邊輕聲告訴我有差異的孩子有哪些天賦、才華和優點。我得知一些人的事蹟，後來也聽到他們的說法，包括涅德．哈洛威爾、奧利佛．薩克斯、天寶．葛蘭汀，以及一項新興運動的其他領袖。這些倡議人士、心理學家、教育學家以及神經科學家都相信、而且提倡差異的價值。

那一年，我也開始瞭解我的差異原本就具有的價值。某次演說後，有個孩子問我做什麼工作。我回說我沒有「真正」的工作，以後打算申請法學院，成為律師。「太慘了，」他說，「那要看的書太多了。你應該繼續演講，你很厲害。我爸就是律師，他很機車！」這孩子說得對，我是擅長演說。這麼說聽起來可能很迂腐，但我以前從不瞭解自己的這個特質。別人總是說我太多話或是太吵，要我安靜。我的說話能力在學校不受重視，也沒被視為優點或天賦，而是遭到貶損、忽視與懲罰。但現在的我，卻有人要求我多說話。

儘管我認為我有很多事該做，好讓其他人開心，例如我爸，並繼續透過傳統的成功來證明他們錯了，但只有一件事是我真正該做的，那就是說話。我想用說話來鼓吹改變。那年，我決定把說話當成一種倡議的形式，以此作為我的人生目標。我擅長說話，而我的閱讀障礙或許就是成因，而不是阻礙。

然而，在我大半的人生中，能支持所謂「腦部障礙其實是有價值的差異」的，只有不甚嚴謹的證據。有學習障礙的藝術家、過動症企業家、有自閉症的電腦程式設計師，以及其他因為自身差異而大放異彩的人，往往被埋沒在大量以缺陷為根基的研究底下，而被旁人視為是他們愛妄想的母親一廂情願、否認自己有「毛病」的人，或是不負責任的專業人士。結果這些父母並不是妄想，這些老師並不天真，這些激進的專業人士也絕非不專業。他們認為世人對腦部差異的看法錯得離譜，他們的看法是對的。湯瑪斯・阿姆斯壯的《神經多樣性》與蓋兒・薩茲的《不同的力量》這兩本重要著作都提到，過去十五年來，有越來越多的跨領域研究者指出了腦部差異連續光譜的優點，並確認了這些差異正是人類神經多樣性的重要形式。

這種研究根本上將自閉症的主流文化與科學觀點複雜化，並提出挑戰。我們必須瞭解茱蒂・辛格在一九九〇年代末期如何創造了「神經多樣性」一詞。辛格是澳洲的社會科學家，社會學榮譽論文寫的正是自閉症類群。神經多樣性的概念接著由自閉症倡議人士吉姆・辛克萊爾大力推廣，他是早期國際線上自閉症社群的主要發起者。辛克萊直到十二歲才學會說話，是最早公開挑戰疾病模式的人士之一，他在一九九三年的演說「別為我們哀悼」中，動人地力陳「自閉症背後沒有躲著正常的孩子。自閉症就是一種存在的方式。」

研究終於追上了吉姆和這項運動中其他人的觀念，顯示自閉症不單是一種存在方式，還是能為世界增添價值的存在方式。許多自閉症者在圖形識別、系統化，以及對細節的注意上有明顯過人之處。阿姆斯壯與薩茲就表示，在隨機以及同儕評閱的研究中，自閉症者在快速乘法、辨識質數、日期推算、透視圖、事實記憶及區組設計等測驗上，表現得都比神經正常的控制組優秀。

於是，這些認知上的優勢帶來了一名研究者所稱的「超系統化」（hyper-systemizations）。誠如瑪麗・安・溫特－梅瑟在論文〈從狼蛛到馬桶刷〉（想必這是史上最棒的學術論文標題）中所寫的，自閉症的孩子有九成會對各式各樣的系統有特殊興趣，像是「油炸鍋、鐵達尼號乘客名單、腰圍測量、大西部鐵路列車的制服、納粹將軍隆美爾的沙漠戰爭、紙袋、明暗、馬桶刷、地球與地圖、黃色鉛筆、火車油畫、影印機、二次大戰颶風螺旋槳戰鬥機、工業電扇、電梯、灰塵或鞋子。」

國王學院的一名研究人員指出，這種「強烈的系統化可解釋自閉症不善社交的特徵：狹隘的興趣、重複行為、不願改變，以及對於一致性的需求。」薩茲在《不同的力量》中寫到，雖然這種偏愛系統化的傾向造成了明顯的障礙，卻也有實際上的好處。史丹佛大學研究人員在《生物精神醫學》期刊上發表的一項研究就發現，比起控制組，有過動症的孩子表現出較佳的數學解題能力。自閉症者的父親與祖父在數學相關領域工作的機率是一般人的兩倍。二〇〇四年，二十五歲的自閉症患者丹尼爾．譚米特在五小時九分鐘內背出π的兩萬兩千五百一十四個數字，創下歐洲紀錄。他懂英語、芬蘭語、法語、德語、立陶宛語、世界語、西班牙語、羅馬尼亞語以及威爾斯語，還在一週內學會冰島語。

二〇一三年，德國電腦軟體巨擘SAP為了追求「來自邊緣」的創新而招募軟體測試者，就專門尋找自閉症者。SAP近期的一項個案研究發現，參與該公司「自閉症工作計畫」的自閉症類群者協助開發的一項技術修復方案，估計為公司節省了四千萬美元。

因新的腦差異研究而受益的不是只有自閉症族群。早在一九八〇年代，就有家長和一小群專業人士挑戰了應用在我這種腦子上的醫療缺陷模式，鼓吹一種學習與注意力多樣性模式。結果如何？還記得我從小學到大學的那個檔案嗎？上面完全沒提到我的腦有什麼優點。然而，如同薩茲醫師在《不同的力量》中指出的，在神經多樣性領域中有越來越多的證據，顯示人腦不但有範圍非常廣的變異性，而且，這些變異雖然會造成閱讀及執行功能等特定領域的障礙，卻也會帶來其他領域上的能力。

一九九七年，神經發展障礙醫學研究中心首度進行了對有語言相關學習障礙者的腦部掃描，這些掃描持續至今。研究者希望找出造成學習障礙的腦部缺陷。這些研究發現，受試者用來閱讀與處理語言的左半腦較小，尤其是有語言相關學習障礙的那些人。他們也發現那些有學習障礙的人，負責處理各種視覺與空間任務的右半腦比較大，耶魯大學及其他地方所做的後續掃描同樣證實了這點。我不確定這些發現為什麼被忽視，我只能想像抱持缺陷／障礙觀點的人會如何詮釋那些發現。如果你是一根鎚子，那麼每個問題都是釘子。

全球各研究機構的神經多樣性研究人員也發現，有學習差異的人具有所謂的「全人感知」（holistic perception），這包含一種能在各種情況中看見大局的傾向、較強的周邊視覺、高出一般水準的視覺空間技能、優秀的圖形解析能力，以及「與聽覺環境互動、同時運用他們較廣的空間注意力」的能力，這使得他們能辨認出他人看不見的模式。結果，相較於一般人，有學習差異的學生錄取菁英藝術計畫的比率高出許多，而具有某種語言相關學習差異的企業家更超過百分之三十五。

那麼注意力差異呢？根據神經多樣性與創造力的科學，正常性的裁判者也很有可能將過動症（ADD）更名為藝術不足症（Artistic Deficit Disorder），而開始去診斷世界上的會計師，因為注意力差異顯然與創造力及創意有關。一項為期十年、由美國國家心理衛生研究院委託進行的研究顯示，過動症者的額葉比控制組小了百分之三至四。科學界將腦的這個區域戲稱為「我的車鑰匙到底在哪裡，為什麼我還沒繳稅？」半腦。這個區域較小會導致某些非常直接的神經障礙，例如衝動、過動、分心，以及難以自我規範。

然而，這些「缺陷」也是與創造力及解決複雜問題的能力相關的認知特徵。喬治亞大學陶倫斯創造力研究與才華發展中心主任邦妮．克雷蒙發現，在過動症和其他被認為具有創造力的人身上，腦部構造與氣質之間有強烈的相關性。《心理學前線》中有一篇文章指出，衝動、過動與創造力都是互有關聯的。有創造力的人都很衝動，往往會起而將想法化為行動，而不是坐著空談。許多有注意力差異的人被視為注意力不集中、愛做白日夢，但根據柏克萊的一項研究，做白日夢與解決複雜問題的能力有關。重點在於：過動症者具有比其他人更高的創造性思考能力。

最後，神經多樣性的科學促使人們開始用一種更複雜、微妙且正面的觀點來看待歷史上被視為精神疾病的各種障礙。憂鬱症、焦慮症、躁鬱症，甚至是各種思覺失調，都被認為是有利與正面的認知特徵。這類研究完全沒有忽視或否認與這些腦部病症相關的挑戰及苦痛，不過卻對那些向來被疾病化的人類經驗提出了一個更深層的看法。

就像薩茲所寫的：「許多研究顯示，高度焦慮者比控制組能更精準地評估出他人的情緒，預測結果更正確，更注意細節，工作表現也符合較高的標準。」事實上，高度焦慮與人的智慧有正相關性。一個人的焦慮程度越高，就越可能擁有高智商。遺傳研究顯示，智慧可能與人類的憂慮共同演化，也就是說我寧願雇用有焦慮症的會計師或律師。

不少研究發現，某些憂鬱症會伴隨高於一般的智商和創造力，躁鬱症也和各種創造力及藝術氣質有關。愛荷華大學神經科學家及神經精神病學家南希・安卓森對知名的愛荷華作家工作坊的作家們進行了長達十年的研究。她發現這些作家中百分之八十有某種精神疾病，而控制組的比例只有三成。

許多人認為思覺失調症肯定是一種毫無優點的「病症」，但就連思覺失調的遺傳性格也與創造力及成就有關。阿姆斯壯寫道：「在針對冰島全體人口所做的研究中，比起較不成功或較無創意的人，在班上學科成績名列前茅的人，尤其是數學，或是表現出較高創造力的人，比較可能有罹患精神病的一等親。」

整體而言，神經多樣性的研究是對集體一致性的妄想的當頭棒喝——對我們許多人來說，正常化的系統則使得這個夢想成為夢魘。這些研究顯示，許多腦部差異不僅與各種思考模式及創造力、解決問題、智慧與創新等促進人類進步的認知能力有關，也是直接帶來這些能力的原因。誠如哈維・布魯姆在《大西洋雜誌》內一篇文章所寫的：「神經多樣性對人類的重要性，就跟生物多樣性對於全體生物的重要性一樣。」

回首過往——我是指很久很久以前——在疏林草原上的某個地方有兩群前人類。其中一群有一個成員情緒多變，內向孤僻，容易突然感到一陣悲傷，但是他能畫畫。另一個成員過度活躍，根本是個討人厭的傢伙，總是弄丟洞穴的鑰匙，吃晚餐時走來走去，老是不肯坐好，不過她會打獵。還有一個不愛交際，從不正眼瞧人，但是就像天寶・葛蘭汀說的，當別人圍著營火聊天時，她想出了用石頭當成矛的辦法。另外還有一個緊張鬼，夜不成眠卻會提醒大家準時，還發現有哪些莓果不能吃。最後，有一個比其他人會說話（好吧，是咕噥），能和別的部落談判，還會說最精彩的故事。

在那片疏林草原的某處，還有另一群的成員則是全都一個樣。你認為哪一群存活了下來？是我們。

•

不過，我們要知道，這些發現與成就說明的不過是差異之價值的一小部分，而且這份清單還不完整——如果它不完整，就會被正常性的裁判者拿來利用。因為某種形式的差異與正面結果有關而頌揚它，這就訓練了我們能務實地為這些差異的價值辯護。這代表我們認為這些差異有價值，因為它們賜予了我們一些不尋常的特別力量。這個邏輯重視的不正常偏差，只有在它能帶來看似神奇的新能力才算數。這是一個老故事：不正常的人展現出某種特殊「能力」，克服了異常，變成好上兩倍的正常。被接受者的圈子因此變得更大。但想要有裡面，還是得有外面。在我心中所想的等級裡，我重視的差異還是將許多人排除在外，如此一來，我才能擠進那個圈子內。

在大學畢業、遇見更多差異與我截然不同的人之後，我才開始瞭解自己評估差異之價值的方法有什麼盲點：有唐氏症、非語言自閉症或腦性麻痺的人，聾盲人士，以及其他許多不符合我所建構的等級的人。這些人不是成功的藝術家、企業家或創新人士，也沒哀求要打進正常的圈子。他們堅持自己的價值，沒有附帶條件——不必會畫畫、說笑話或上布朗大學——而是做原本的自己。

在開始和亞歷諮商之後，我有回在搭飛機時重讀了我在布朗買的書《被拒絕的身體》。先前我曾特別標出書中某些段落，在旁邊加上問號。我停在其中一段，讀過一遍，接著再讀一遍：

殘障者擁有因殘障而得到的經驗，那些是非殘障者沒有的，也是非殘障者無法直接取得的知識來源。

接著我讀了另一段：

那麼，實際上將殘障視為差異代表什麼意義？……它代表追尋與尊重殘障者的知識和觀點。它代表願意學習及尊重不熟悉的存在方式以及意識形式。

這幾段文字令我震驚。我知道亨利和其他許多我見過的人並不符合我的等級。排除他們，我等於是在認同一種「哪些人才有價值」的狹隘觀點，因此也等於只重視我自己符合如此規範的那些部分。我曾經認為這樣沒問題，我必須變成別人說我不是的那種人。可是，證明「他們」錯了、蒐集金色星星、比正常還優秀、比特殊教育教室裡的其他人更好，這些都沒有讓我將自己重新聚合起來。或許那些遭人貶抑、我所貶抑的腦和身體，可以讓我和所有人學到一課。或許那些搭特教校車、有時被說他們不值得活的學生，能教我人生如何更美善。我決定一探究竟。

•

二〇〇三年三月十五日，我用存下來的些許演講費買下一輛特教校車。對，就是載特殊教育班學生去上學的那種巴士。我打電話給我爸，告訴他我不會上法學院或任何研究所了。

我計畫開車巡迴全美，聆聽、學習那些過著不正常生活的人的經驗。六月，我從紐約飛到洛杉磯去開那輛巴士。我旅行了六個月，行駛七萬兩千公里，造訪四十八州，同時訪問有腦部及身體差異的人。

二〇〇三年十月，我不再開特教校車，但是向乘客學習的旅程仍持續進行。多年來為了殘障的腦部與身體發聲，我開始相信（一如莎朗．史奈德與大衛．米契爾所寫的），生活在正常的對立面的經驗，會讓一個人在這世上成為一個「創新、有力量的人，而非僅是一個低價值的社會建構，或更糟，一個被壓制的受害者。」

這些生命之所以有價值，不是因為他們已經克服，不是因為他們有其他可堪彌補的能力，不是因為他們能趨近正常——而是因為挑戰正常性是他們擁有人格、自我價值以及人類尊嚴的前提。他們證明了身而為人並不是只有單一途徑。他們之所以有價值，是因為他們能教我們為人的意義，以及如何去過屬於自我的生活，而非應該過怎樣的生活。

撰寫這本書時我四十一歲，特教校車之旅已是多年前的事，但當初我從搭車的「那些」人身上學到的東西，比人生其他時候對我的幫助都來得多。以往遭遇困難時，我總是拿自己的身體與能力當作避風港，因為我的心智不夠堅強；即使到現在，我也羞於承認我害怕自己將成為什麼樣的人，害怕我身體虛弱時不會受到重視或被愛。

早上，我感覺自己的身體逐漸凋零，只能藉持續運動和植髮研究來撐住自己。我發覺自己夢想著那種舊的一致性，受到 Instagram 和養生／醫療／娛樂產業提供的訊息誘惑，它們告訴我應該維持年輕，不該變得異常。我想或許我該去刺青或是冷凍溶脂，甚至乾脆在我冷凍溶脂的部位上刺青。我人生中見過的那些人生活在人類差異的現實裡，而在這些時刻，正是我從他們身上學到的東西給了我智慧。

我從比爾身上學到，我們對人類特質的理解根本大錯特錯。二〇〇九年，肢體多重殘障的比爾在阿拉斯加的費爾班克斯機場接我，只用嘴巴開車，將我載到八百公里外的安克拉治，途中還行經該州史上最嚴重的一場野火。行程結束後，比爾說「笛卡兒錯了。『我思故我在』根本是狗屁。我們的身心脆弱、容易犯錯、變化多端，那才是我們。」

我們對人類的理解多麼錯誤啊，比爾說對了。差異與殘障並非人類生活常規的例外，而是人類生活與人性的一環。

我也從瑪麗身上學到不少。我問有唐氏症的她對於在學校有助理協助的感覺如何。她說：「強納森，你真傻，你不知道人都需要別人嗎？」我們並不獨立，而是互相依賴。我們不是那種神祕獨立的社會契約動物，而是依賴、歧異、脆弱的身心，就像托賓．謝伯斯所寫的：「為了生存而依賴別人。」互相照顧是所有人類的基本需求，依賴別人正是我們人類的特質。

我學到手能說話、傾聽就是閱讀、說話是寫作，人類智慧與能力不是「一種」東西，而是很多種。智慧不是單一的，而是多重的，它比我們向來受引導所以為的更加廣大、奇特、美好。每次我們自問一個人有多聰明，這實在不對，應該問，是什麼使得那個人聰明。

我學到我們的身心都只是暫時地健全，日常生活在健全與殘障的狀態中進進出出。我們遲早都會從鐘形曲線的中央跌落，身心與生活都會改變。何謂正常的目標會游移，如果我們自以為擁有正常，我們終將失去正常。這項事實需要一種新的倫理、道德與政治哲學。它需要一種新的生活方式，一種新的社會系統。對所有人來說，正常不過是暫時的，我們不過是在一瞬間短暫地處在鐘形曲線的中央。

我從亨利-賈克·史帝克那裡學到，我們對「一致性」的喜愛造就出一個為了一致而建立的世界。時間與空間、社會角色、溝通風格，全都是為了正常人所設計，因而犧牲、排除了不同的人。這一點必須改變，原因並非這是為「那些」人而應該做的事，而是為了所有人而該做的。

我學到身心障礙權運動問了一個任何公平社會都必須回答的根本問題：如果我們從追求一致性的夢裡醒來，接受差異的現實，那麼我們會建立出什麼樣的世界？這項運動為所有受害者鎖定了各種形式的一致性政治，想像所有人都有權能與眾不同。這項運動的核心是各種因其差異而被剝奪了人性、貶抑與邊緣化的身體與心智。

但它不只如此。羅伯特·麥魯爾在探討性少數運動時寫到這項運動，認為它既是一個權利運動，也是一個「拆穿系統謊言」的激進解放運動——需要的不是認可，而是革命。人類經驗的脆弱與容易出錯的特性應該成為人權的基礎。

我學到不能以正常與能力來判斷我的價值、你的價值和我們的價值。唯有當我們在特異性當中生活、理解以及愛，我們才能不被分門別類。我學到，唯有當我們能以原本、而非理想中的自己，去重視彼此的價值、互相關心、愛護彼此，我們才會從一致性的夢想與夢魘中甦醒。我學到，如果去愛一個人原本的樣貌，而非對方應該成為的樣子，就意味從一致性的夢中甦醒，那麼我就跟許多人一樣，仍在夢中——那種境界至今仍然是個夢。

•

我爸這輩子從來沒打過電話給我。我上大學時，他有寄「信」給我，但那些信是他認為我會有興趣的各種剪報——關於道奇隊、天使隊和我過去的足球隊的相關消息、政治社論、勞工政治的最新動態，以及提及布朗大學的新聞。有時他會在文字、詞彙或句子上畫圈、畫線或挑出重點，如果他真的很感動，還會畫上箭頭、笑臉、哭臉以及爆炸。他從來不用文字，唯獨一次例外：每年我生日他寄給我那封信。

每年三月十九日我都會收到一封信，無一疏漏，當中包含畫了線、挑出重點的各種剪報，還有一張內容總是千篇一律的字條：「依然是我人生中最棒的一天。」四十一歲生日那天，在五年沒收到我爸的消息之後，他傳來一則訊息，上面出現這一串表情符號：⚽😍💥🎂

接下來，「依然是我人生中最棒的一天。」

我沒有回覆。

六個月後，他用手機傳給我💥⚡♥，還有「想找時間吃午飯嗎？」

我爸和我在你伯父比爾的家裡見面——沒有人在家。我認為那是一個吃飯聊天的好地方。至於要聊什麼，我不確定。五年沒見了，有太多事情太久都沒說，說不定沒有能夠好好對話的中間地帶。不是「你好嗎？」和「今天天氣不錯吧？」，就是「你到底怎麼搞成這樣子？」兩種情況都有可能。

他開著一輛黑色本田 Accord 抵達，車身滿是刮痕，保險桿也是坑坑疤疤的。我爸常撞爛他的車。他把車子停在房子前面，卻沒搖下車窗問該停哪裡，反而是在車窗裡比手勢，問一些跟停車有關的問題。當然，直接開口問我該停哪裡比較有效率，但他總是大費周章，盡量避免跟別人說話。「對，」我比回去，「停在那裡。」手指向窄街對面的位置。「那邊？」他沒開口，不過指著對面。「對。」我用嘴形示意。「那邊？」他以嘴形問道。「對。」我點頭。這種無聲對話進行了幾分鐘，直到他終於搞懂，開到那條死巷底，前進後退調頭二十次，倒車迴轉，做了一次完全沒必要的路邊停車動作（因為他前面根本沒車），倒車，撞上後面那輛車，往前，倒車，再往前，再倒車，又往前一次，然後停在一開始的那個位置。

我對我爸的完整記憶並不多，我曾經讀到，這對酗酒者的孩子來說很常見。至於我僅有的那些記憶，就像遺留在剪輯室地板上的電影膠捲一樣，順序已亂，缺少脈絡，沒有故事。我只有一張他的照片，因為我們家很少拍照，也沒拍家庭影片。這張照片是我對他的長相最清晰的記憶。照片裡的我頂多兩歲，坐在他腿上。我想我們可能是在迪士尼樂園。我穿著紅條紋的無袖白背心，頂著稻草般的鮮橘色馬桶蓋頭。他的頭髮烏黑濃密，下巴方正，鼻子狀似愛爾蘭馬鈴薯，眉毛活像兩條毛毛蟲。他穿著酷酷的西部牛仔襯衫，手上抱著我。

我爸下車後對我說的第一句話是：「十一點五十九分，我來早了。」他喜歡早到，常對我說如果沒有提早到，就是遲到；我討厭這種說法，因為早到就是早到，準時就是準時，遲到就是遲到。他頭髮灰白，身高至少比上次我見到他時矮了七公分，上半身駝背，好像吞了一顆保齡球似的。他穿著一條石洗的 Lee 牛仔褲、黑色厚底鞋，以及一件正面沾到食物污漬的褐色襯衫。這些污漬看來好熟悉，我腦中立刻湧現他載我去練足球、邊喝著 Progresso 扁豆湯罐頭，褐色湯汁順著下巴滴到襯衫上的畫面。

一見到我爸，我就喉嚨收縮，胸部緊繃。我收放頸部肌肉，就像一條在陸地上掙扎著要呼吸的魚。我眼睛後面發癢，便將眼珠上翻望向天空，企圖翻回我的頭裡，如同我少年時間那樣，盡可能將它們撐在那裡。

結果他帶了他的狗羅斯可一起來。這不意外，因為他的情感生活大多與狗脫不了關係。事實上，我爸最後會戒酒就是因為羅斯可救了他。那是十三年前，我住在紐約，他住加州。因為不明原因，他決定喝到死，於是從超市買了兩箱一瓶兩美元的紅酒，把自己鎖在房間裡，一個星期不吃飯也沒離開房間。一天晚上，跟我爸還有婚姻關係（真令人意外）的我媽發現他倒在地板上，便打電話叫救護車。

他在救護車上醒過來，接著被送進急診室。他在醫院沒有受到妥善照顧。不過離開時仍舊穿著睡袍，酒完全醒了，但還有幻覺。他認為自己贏了樂透，有一批匪徒綁走了羅斯可，意圖勒索贖金。那天後來他被人發現正在聖塔莫尼卡的威爾夏大道上尋找羅斯可和中獎的彩券。住院一段時間之後，他參加了一項復原計畫。後來，他告訴我，擔心失去羅斯可的恐懼幫助他戒除了酒癮。該讚揚的就該讚揚。如今，經歷了酗酒的一生，他戒酒已經超過十年。我相信這段時期，羅斯可是他唯一的朋友。

「我得帶羅斯可去走走。」這是那天他對我說的第二句話，而我們已經五年沒說話了。這項要求也不讓人意外，出門遛狗是一項遠比共進午餐更適合我們的活動。每次我爸被開除，國稅局找上門，或是錢用光了，就會有人要去遛狗。「謝謝你過來。」散步時我說。「別客氣。」他說。就這樣。「所以，」經過幾分鐘尷尬的沉默，我說，「你最近在處理什麼案子？」我知道問這個問題很適合，因為我猜他跟許多人一樣，一談工作就會變了個樣。他對他的律師工作一向充滿熱情。他上法學院是為了賺錢，因為他媽告訴他應該那麼做。他在舊金山找到一份企業法務的工作，最後卻辭職不幹，根據他的說法，他是設法要利用自己的法律學位讓這個世界更美好。我們散步時，他告訴我他正在進行一項協助洛杉磯移民家庭的計畫。談著美國移民及海關執法局、庇護城市[1]的合法性、移民政策時，他活了過來，跟剛剛下車的那個人判若兩人。

我們散步。他說，我聽。最後我不得不問：「這段時間你人去了哪兒？為什麼失蹤了？」他沒有答話。問這個問題時我並不憤怒，而是傷心，為了當初情況無法更好而傷心。我知道他有很多優點，不是儘管他有那些差異，而是因為他有那些差異。我知道他身上的圓已經被弄成方形，參差不齊的部分遭到羞辱，他受了傷。我們停下腳步。他看著我，接著彎身看看羅斯可。牠正喘著氣，費力呼吸。他摸摸羅斯可的背，抱抱牠的脖子，在牠耳邊小聲說話，我沒聽見他說什麼，然後就看到他哭了起來。「不曉得，」他最後說，「我猜如果你去查『難以化解的歧異』在字典上的意義，就會瞭解我的狀況。對不起。」

小時候，我以為我爸以我為恥。我錯了，他是以自己為恥。原本我有可能變得像我爸一樣。我和他有好多相像之處，卻沒有變成他，原因不是我過去以為的儘管有他，而是因為有他。在最要緊的時候，他不是我想要的那種爸爸，卻是我需要的那種爸爸。在我求學過程困難重重之際，他可說是放棄了自己的法律事業來當我的足球教練。每個星期六，他和我去看我們其實負擔不起的棒球賽，坐在三壘前的第五排，提早到場好接住飛球（雖然從來沒接到過），吃潛艇堡和焦糖花生爆米花。我想要多少棒球卡，他都會買給我，儘管我們其實也負擔不起，就只因為我喜歡。我們會坐上好幾個小時，討論長打率。六年級，我瀕臨崩潰，離開學校，我們在道奇棒球場停車場的燈光下，坐在瀰漫濕狗氣味和扁豆湯味道的 Aerostar 廂型車裡。我已經做好挨罵的心理準備，他應該會叫我振作起來、更努力用功、回去學校，而且第一千次問我到底是怎麼搞的。結果他卻轉過頭來對我說：「我愛你。」

我們走回他的車子，我問他想不想進屋裡吃午餐。「不了，」他說，「我得帶羅斯可回家。」他沒說再見或給我擁抱。他只是回到車上，倒車，往前開，倒車，方向盤往

1 庇護城市（sanctuary cities）是指不願配合聯邦執法機構逮捕或拘留非法移民的城市。

左轉，再右轉，然後左轉，接著搖下車窗。他探出頭。我想，終於。我走到車旁，張開雙臂想來個擁抱，他卻說：「你能拿點水來讓羅斯可在路上喝嗎？」我照辦，然後他開車離去。

真糟糕。我真希望不是那樣，但事實就是如此。我們人類真糟糕。我覺得自己哽咽了，又開始把眼睛往後翻，就像小時候想逃避那樣。但是我卻獨自站在車道上哭了起來。

後來我爸傳給我這個：♥♥🙏🐶🌈

我回傳：♥

有一天早上我感到焦慮時，正好聽見你在房間裡唱歌。我坐在你的房門外，聽你唱著：「你必須感受它，你必須愛它，你必須感受它，你必須愛它。」我打開房門，問你在唱什麼，你說：「人生。」

當時時間還早，於是我拿了一本書爬到你床上。唸書給你聽時，你打斷我，很沒禮貌地評論起我慢慢往後退的髮線和日漸灰白的鬍鬚，可是我大聲唸錯好多地方，你始終沒笑我。即使經過這些年，我還是得抗拒躲避大聲朗讀的衝動。在逾越節晚餐輪到我朗讀時，我會藉機離開，或是把書傳給你母親，或是要求你「練習」朗讀。身為一個大人與父親，我一直感到羞愧，自己竟然不斷追逐著正常的地平線。但與你、與我們在一起，我知道你們愛的是真實的我。

這是我們虧欠彼此的。

我希望你知道我人生中最驕傲的是什麼。我很驕傲受邀為一本由五十名布朗校友合寫的一本書貢獻一篇文章，以慶祝兩百五十週年校慶。那書中有四篇文章獲選，在林肯中心由演員進行舞台朗讀，我的文章是其中之一。文章名稱是〈閱讀障礙腦超猛〉，因為大衛．柯爾說得沒錯，即使我花了很長的時間才明白。

我以你媽為榮。她的興趣與才華依然發光發熱，不會、也不能被迫改變。她依然是我認識最複雜、熱愛運動、會寫電影劇本、製作公共電台節目、愛孩子的堅強女人，經過這些年，她仍舊是我的生命、我的愛。

我以我媽為榮。現年七十五歲的她依然在經營她的非營利組織，當然也還會像個卡車司機一樣飆髒話。

我以我爸為榮。他窮盡一生為弱者抗爭，也成功解救自己脫離深淵，為自己開創了一個不完美的混亂人生，而那是唯一的生活之道。

我很驕傲自己證明了好多人都錯了。但是我更驕傲我證明了我媽、我姊、我哥、R先生、楊神父、T先生、蘇珊、葛蕾西拉、羅伯特、大衛、你母親以及我爸，這些相信我的人都是對的。

我還是有閱讀障礙。我還是沒辦法坐好或找到我的車鑰匙。我還是不會拼字。我還是無法大聲朗讀。我依然在焦慮與憂鬱的挑戰和天賦中掙扎。我還沒有治療好我自己。但我也不是那個滿心羞愧、擔心不能擁有充實人生的孩子。你媽和我相互照顧了二十年。我經營自營事業二十年，做著我喜歡的工作。我是作家。我沒像我本以為的那樣，覺得一定會毀掉自己，我沒有。我們共同生活的人生和如今的我都令我驕傲。

我正常嗎？不，我不正常。沒有人正常。長久以來我好想說我正常，因為過去我最想要的就是正常。但如今不然。正常就像地平線。你越想接近，它就離得越遠。

我們必須拒絕正常，以一種持續不懈的投入取而代之，不再去追求那條地平線，逃離類別的掌控。正常必須以一種生活方式、一種差異的道德觀取而代之，全力接納真實人物的尖銳邊緣、破損部位以及殘缺表面。這是邁向理想境界的第一步，也是唯一的一步，在那個境界中，愛人不是愛他們應該成為的理想模樣，而是愛他們原本的面貌。

在人類歷史上的某個時候，人類失去了穩定，經歷了不斷的生物性變化，不再全體一致，變得各不相同。與眾不同不是例外，而是常規。構成我們人類的是我們的古怪、容易犯錯、脆弱、我們的偏離常態——也就是我們的差異。

對於如何生活，你有選擇。就像亨利-賈克．史帝克所問的，你願意選擇熱愛差異，還是追求一致性的夢？熱愛差異就是生活，想要一致的慾望則是在否定生活。沒有人是正常的，若是忘了這一點，而強行在任何人身上實施一種存在方式，肯定會導致不道德的生活。

你可能會被稱為「不正常」的那些部分是有價值的，而符合常態的那些部分——你的性別、階級地位、能力、膚色以及特權——則讓你與其他人一樣。你必須爭取人人皆可不同的權利，甚至在那些差異與你自己不同時爭取。

正常是人類價值錯誤的標準，我不會要求你遵循，而它也無法箝制你。我愛你——完整的你，包括會彎曲、斷裂、偏離、引起痛苦與帶來喜悅的部分——從你身上放射而出的自我同心圓不能硬修改成方形。我美麗、重要而獨特的孩子：你有權利擺脫正常。你有權利與眾不同。

# 致謝

當你像我這樣有閱讀障礙，拼字只有小學三年級程度，又像我一樣寫了本書，那就會有好多好多人要感謝。以下感謝的人，請你們知道，當你像我一樣大半輩子都自覺不足、有缺陷，如此的感謝勝過千言萬語。最重要的是感謝我太太蕾貝卡，她是一個堅毅女性。如果沒有她，任何事情都不可能發生。謝謝我的孩子，他們是我人生的目標。我愛你們。謝謝我媽可琳，在我背後的推手；我父親，在我最需要時成為我需要的爸爸；我姊凱莉，總是幫助我想像一個與我們過去不同的未來；我姊蜜雪兒，給我安靜的勇氣；我哥比利，給我榜樣。謝謝吉兒．倪林過去二十年以及露西．克里蘭四十年來的協助。謝謝所有在布朗大學改變了我思路的人。謝謝所有作家、學者、行動人士以及藝術家，你們的想法是這本書的核心與靈魂，包括亨利－賈克．史帝克、莎朗．史奈德與大衛．米契爾、雪莉．崔曼、譚米．湯普森、托賓．謝伯斯、伊蒂絲．薛佛、蘇珊．艾文斯、連納．戴維斯、西米．林頓、彼得．克萊爾與伊莉莎白．史蒂芬斯、艾德溫．布雷克、蘇珊·溫德爾、蘿絲瑪麗·嘉蘭·湯姆森（了不起的RGT）、佩卓·諾奎拉、瑪麗安·沃爾夫、湯姆·莎士比亞、蓋兒·薩茲、湯瑪斯·阿姆斯壯、大衛·佛林克、共識黑手黨，以及其他為了更包容的世界和與眾不同的權利而奮鬥的千百萬人。謝謝在我從布朗畢業後讓我借宿在他們家中的那些人，以及在特教校車上分享故事給我聽的所有人。謝謝我專心投入、不吝批評與提供洞見的初稿讀者——伊萊·沃爾夫、芭布·布斯威爾、大衛·康納、莎拉·艾佛哈特·史基爾斯，你們的意見讓這本書變得更好，也讓我成為一個更好的作家、思考者與倡議人士。謝謝《紐約時報》論壇編輯彼得·卡塔潘諾將我納入他規劃周全的激進殘障專文系列，謝謝茱蒂·史登萊特邀請我為《布朗讀本》撰文。謝謝亨利霍爾特出版公司的優異團隊：吉莉安·布雷克召集第一次會議，瑪姬·李察遜沒取笑我比上次老了多少，派翠西亞·艾斯曼掌控大局，凱薩琳·庫克是一位了不起的文字編輯，當然還有麗比·波頓，儘管她沒有傳真機，但在過去與現在都是作家心目中的夢幻編輯。

最後，感謝發明電腦上拼字檢查的人，無論你是誰。

Association
紐約大學兒童研究中心 Child Study Center
全美郵購協會 National Mail Order Association of America
人類基因組計畫 Human Genome Project
「人腦連結體計畫」Human Connectome Project
美國國家衛生研究院 National Institutes of Health

## 第八章

### 人物

瑪姬・尼爾森 Maggie Nelson
瑪格麗特・米德 Margaret Mead
譚美・湯普森 Tammy S. Thompson
涅德・哈洛威爾 Ned Hallowell
奧利佛・薩克斯 Oliver Sacks
天寶・葛蘭汀 Temple Grandin
湯瑪斯・阿姆斯壯 Thomas Armstrong
蓋兒・薩茲 Gail Saltz
茱蒂・辛格 Judy Singer
吉姆・辛克萊爾 Jim Sinclair
瑪麗・安・溫特—梅瑟 Mary Ann Winter-Messiers
丹尼爾・譚米特 Daniel Tammet
邦妮・克雷蒙 Bonnie Cramond
南希・安卓森 Nancy Andreasen
哈維・布魯姆 Harvey Blume
羅伯特・麥魯爾 Robert McRuer

### 書籍、論文

《亞哥號》The Argonauts
《性別與氣質》Sex and Temperament
〈逃離羞恥〉Escape from Shame
《神經多樣性》Neurodiversity
《不同的力量》The Power of Different
「別為我們哀悼」Don't Mourn for Us
〈從狼蛛到馬桶刷〉From Tarantulas to Toilet Brushes
《生物精神醫學》Biological Psychiatry
《心理學前線》Frontiers in Psychology
《大西洋雜誌》The Atlantic
〈閱讀障礙腦超猛〉The Dyslexic Brain Kicks Ass

### 機構、其他

SAP 自閉症工作計畫 Autism at Work Program
神經發展障礙醫學研究中心 MIND Institute
美國國家心理衛生研究院 National Institute of Mental Health
喬治亞大學陶倫斯創造力研究與才華發展中心 Torrance Center for Creative Studies and Talent Development
愛荷華作家工作坊 Iowa Writers' Workshop
費爾班克斯機場 Fairbanks Airport
威爾夏大道 Wilshire Boulevard

普羅維登斯 Providence

## 第六章

### 人物

丹尼斯・強森 Denis Johnson
茱蒂・佛斯特 Jodie Foster
摩里斯・查普林 Morris Champlin
大衛・柯爾 David Cole
金賽 Alfred Kinsey
羅素・巴克利 Russell Barkley
邁可・奧利佛 Michael Oliver
蘿絲瑪麗・嘉蘭・湯姆森 Rosemarie Garland Thomson
派屈克・尤英 Patrick Ewing
壓軸樂團 The Decemberists

### 書籍、作品

《耶穌之子》Jesus' Son
《野林三部曲》Wildwood
《男性性行為》Sexual Behavior in the Human Male
《女性性行為》Sexual Behavior in the Human Female）
《過動症與自制的本質》ADHD and the Nature of Self-Control
《殘廢政治學》The Politics of Disablement
《特異的身體》Extraordinary Bodies
《逆線性學習：問題學生也能上長春藤名校》Learning Outside the Lines

### 機構

高盛 Goldman Sachs
國家衛生研究院 National Institutes of Health
地標學院 Landmark College
彭布羅克 Pembroke
史威爾公共服務中心 Swearer Center for Public Service
「共識」Eye-to-Eye
福克斯角小學 Fox Point Elementary School
羅德島設計學院 Rhode Island School of Design

## 第七章

### 人物

邁可・華納 Michael Warner
東尼・羅賓斯 Tony Robbins
麥特・瑞德里 Matt Ridley
湯姆・因瑟爾 Tom Insel
馬汀・塞利格曼 Martin Seligman

### 著作、刊物、機構

《正常的問題》 The Trouble with Normal
《精神疾病診斷與統計手冊》Diagnostic Statistical Manual
美國精神醫學會 American Psychiatric

Association
現代遺傳學創建者孟德爾 Gregor Mendel
布魯克林藝術與科學研究所 Brooklyn Institute of Arts and Sciences
優生學紀錄辦公室 Eugenics Records Office
美國優生學學會 American Eugenics Society
洛克斐勒基金會 Rockefeller Foundation）、
美國醫學會 American Medical Association
美國遺傳學會 American Genetic Association
全國啟智機構協會 National Association of Institutions for the Feeble-Minded
芝加哥德美醫院 German-American Hospital
人類改良基金會 Human Betterment Foundation
斷絕美國人口缺陷種質之最佳實行辦法 The Best Practical Means for Cutting Off the Defective Germ-Plasms of the American Population
堪薩斯州啟智之家 Kansas State Home for the Feebleminded
最終解決方案 final solution
瘋狂安樂死期間 wild euthanasia period

## 第五章

### 人物

厄文・高夫曼 Erving Goffman
茱蒂絲・巴特勒 Judith Butler
約翰・霍爾特 John Holt
伊芙・賽菊寇 Eve Sedgwick
托賓・謝伯斯 Tobin Siebers
沙林傑 J. D. Salinger

### 書籍、影劇

《日常生活中的自我呈現》 The Presentation of Self in Everyday Life
《你整我，我整你》Trading Places
《火爆教頭草地兵》Hoosiers
《致命武器》Lethal Weapon
《勝利大逃亡》Victory
《伊甸園東》East of Eden
《為人師表》Stand and Deliver

### 其他

南灣諮詢中心 South Bay Center for Counseling
沙漠風暴行動 Operation Desert Storm
荷爾摩沙谷學校 Hermosa Valley
羅耀拉瑪麗蒙特大學 Loyola Marymount University
土桑 Tucson

個人教育計畫 individual education plan 簡稱 IEP
美國國家身心障礙協會 National Council on Disability
貝提控告安蒂戈市教育局案 Beattie v. Board of Education of City of Antigo
全美身心障礙權利網絡 National Disability Rights Network
魯德曼家族基金會 Ruderman Family Foundation

## 第四章

### 人物

漢娜・鄂蘭 Hannah Arendt
赫伯・史賓塞 Herbert Spencer
安德魯・卡內基 Andrew Carnegie
艾德溫・布雷克 Edwin Black
亞當・柯恩 Adam Cohen
社會學家詹姆斯・崔倫特 James Trent
馬丁・巴爾 Martin Barr
約瑟夫・陶洛 Joseph Tauro
哈利・勞夫林 Harry Laughlin
皮爾徹醫師 Dr. Hoyt Pilcher
巴克・史密斯 Buck Smith
凱莉・巴克 Carrie Buck
奧利佛・溫德爾・荷姆斯 Oliver Wendell Holmes
哈利・海塞爾登 Harry J. Haiselden
戈德 C. M. Goethe
伊迪絲・薛弗 Edith Sheffer
蘇珊・艾文斯 Suzanne Evans
彼得・辛格 Peter Singer
傑佛瑞・墨菲 Jeffrie Murphy
詹姆斯・華生 James Watson
哈里曼家族 Harriman

### 書籍、刊物

《極權主義的起源》The Origins of Totalitarianism
《發明弱智》Inventing the Feeble Mind
《機構季刊》Institution Quarterly
《黑色送子鳥》The Black Stork
《精神疾病診斷與統計手冊》Diagnostic and Statistical Manual
《美國人類遺傳學期刊》American Journal of Human Genetics

### 地名

林奇堡 Lynchburg
布蘭登堡 Brandenburg
格拉根尼克 Grageneck
哈達馬爾 Hadamar
伯恩堡 Bernburg
蘇能西騰 Sonnensiten
哈特海姆堡 Hartheim Castle

### 機構、其他

威廉斯氏症協會 Williams Syndrome

### 書籍、刊物

《馴服偶然》 The Taming of Chance
《強制正常》 Enforcing Normalcy
《瘋癲與文明》Madness and Civilization
《正常與病態》The Normal and the Pathological
《正常性：批判系譜學》Normality: A Critical Genealogy
《克里夫學生學習指南》CliffsNotes
《理性的性倫理：正常男女性生活之生理與心理研究，以實際個案歷史為鑑之理性性愛衛生建議》Rational Sex Ethics: A Physiological and Psychological Study of the Sex Lives of Normal Men and Women, with Suggestions for a Rational Sex Hygiene with Reference to Actual Case Histories
《性病態心理學》Psychopathia Sexualis
《克里夫蘭誠懇家日報》Cleveland Plain Dealer

### 其他

哈佛大學正常年輕男性大研究 Grant Study of Normal Young Men at Harvard
美國家政局 Bureau of Home Economics
冷泉港實驗室 Cold Spring Harbor Laboratory

## 第三章

### 人物

蘇珊・溫德爾 Susan Wendell
亨利－賈克・史帝克 Henri-Jacques Stiker
朗恩・馬隆 Ron Mallon
大衛・米契爾 David Mitchell
莎朗・史奈德 Sharon Snyder
保羅・布洛卡 Paul Broca
切薩雷・龍布羅梭 Cesare Lombroso
尼可拉斯・羅斯 Nikolas Rose
史金納 B. F. Skinner
華特・費里曼 Walter J. Freeman
比爾・休斯 Bill Hughes
安・瓦爾德施密特 Ann Waldschmidt
威豹合唱團 Def Leppard

### 書籍、刊物

《被拒絕的身體》, The Rejected Body
《阿虎開竅了》Leo the Late Bloomer
《規訓與懲罰》Discipline and Punishment
〈誰正常？誰偏差？〉Who Is Normal? Who Is Deviant?

### 其他

聯合國世界報告 UN World Report

# 譯名對照

## 引言、第一章

### 人物

拱廊之火樂團 Arcade Fire
奧菊・羅德 Audre Lorde
阿蘭達蒂・洛伊 Arundhati Roy
瑪莎・納思邦 Martha C. Nussbaum
米歇・傅柯 Michel Foucault
李維史陀 Claude Lévi-Strauss
昆塔・金德 Kunta Kinte
丹・艾克洛德 Dan Aykroyd
艾迪・墨菲 Eddie Murphy

### 地名

科克郡 County Cork
布特 Butte
塔里敦 Tarrytown
貝塞斯達 Bethesda

### 書籍、影劇

〈正常人〉 Normal Person
《局外人姊妹》 Sister Outsider
《極樂之邦》The Ministry of Utmost Happiness
《正義的界限》 Frontiers of Justice
《奧茲的史卡拉智慧車》The Scalawagons of Oz
《瑪麗泰勒摩爾秀》The Mary Tyler Moore Show
《根》Roots
《你整我，我整你》Trading Places

## 第二章

### 人物

伊恩・哈金 Ian Hacking
連納德・戴維斯 Lennard J. Davis
喬治・岡居朗 Georges Canguilhem
彼得・克萊爾 Peter Cryle
伊莉莎白・史蒂芬斯 Elizabeth Stephens
雅克伯・柏努利 Jakob Bernoulli
阿道夫・凱特勒 Adolphe Quetelet
法蘭西斯・高爾頓 Francis Galton
德斯羅西耶 Alain Desrosières
馮・克拉夫特－艾賓 Richard von Krafft-Ebing
阿里・博克 Arlie V. Bock
諾曼 Normman、諾瑪 Norma
查爾斯・戴文波特 Charles Davenport
瑪莎・史基摩爾 Martha Skidmore

and Mood Disorders," *Dialogues in Clinical Neuroscience* 10, no. 2 (June 2008): 251–55.

196 在針對冰島全體人口所做的研究中：John L. Karlsson, "Psychosis and Academic Performance," *British Journal of Psychiatry* 184 (2004): 327–329; Karlsson, "Genetic Association of Giftedness and Creativity with schizophrenia," *Hereditas* 66, no. 2 (1970): 177–183, quoted from Thomas Armstrong, *Neurodiversity* (Cambridge, MA: Da Capo Press, 2010), 164.

197 「神經多樣性對人類的重要性」：Harvey Blume, "Neurodiversity," *The Atlantic* (September 1998).

198 重讀我在布朗買的書《被拒絕的身體》：Susan Wendell, *The Rejected Body* (New York: Routledge, 1996), pp. 69 and 84.

200 在這世上成為一個「創新、有力量的人」：Mitchell and Snyder, *The Biopolitics of Disability*, 7.

202 差異與殘障並非人類生活常規的例外：Henri-Jacques Stiker, *A History of Disability*, trans. William Sayers (Ann Arbor: The University of Michigan Press, 1999); Martha C. Nussbaum, *Frontiers of Justice* (Cambridge, MA: Harvard University Press, 2006).

202 互相照顧是所有人類的基本需求：Eva Feder Kittay and Ellen K. Feder, eds., *The Subject of Care: Feminist Perspectives on Dependency* (Lanham, MD: Rowman & Littlefield Publishers, 2002); Tobin Siebers, *Disability Theory* (Ann Arbor: The University of Michigan Press, 2008), 182.

203 我從亨利-賈克・史帝克那裡學到：Stiker, *A History of Disability*, 3.

212 與眾不同不是例外，而是常規：這一段的靈感來自 David Horrobin, *The Madness of Adam and Eve: How schizophrenia Shaped Humanity* (London: Bantam Press, 2001), 237.

213 你願意選擇熱愛差異，還是追求一致性的夢？：Stiker, *A History of Disability*, 11.

213 正常是人類價值錯誤的標準：Mitchell and Snyder, *The Biopolitics of Disability*, 134.

213 重要而獨特的孩子：Mitchell and Snyder, *The Biopolitics of Disability*, 136.

The Flip Side of ADHD?" Child Mind Institute, Sept 23, 2013; Francisco X. Castellanos and Erika Proal, "Large-scale Brain Systems in ADHD: Beyond the Prefrontalstriatal Model," *Trends in Cognitive Science* 16 (January 2012); Anna Abraham et al., "Creative Thinking in Adolescents with Attention Deficit Hyperactivity Disorder (ADHD)," *Child Neuropsychology* 12, no. 2 (2006); Bonnie Cramond, "Attention-Deficit Hyperactivity Disorder and Creativity—What Is the Connection?" *The Journal of Creative Behavior* 28, no. 3 (August 2006): 44–54; "Daydreaming Boosts Creativity, Study Says," *Huffington Post*, October 20, 2012.

195 衝動、過動與創造力都是互有關聯的：Dsrya Zabelina et al., "Do Dimensional Psychopathy Measures Relate to Creative Achievement or Divergent Thinking?" *Frontiers in Psychology* 5, no. 1029 (2014), doi:10.3389/fpsyg.2014.01029.

195 神經多樣性的科學促使：請見 Brendan Bradley et al., "Attention Bias for Emotional Faces in Generalized Anxiety Disorder," *British Journal of Clinical Psychology* 38, no. 3 (1999): 267–78; Jeremy D. Coplan et al., "The Relationship Between Intelligence and Anxiety: An Association with Subcortical White Matter Metabolism," *Frontiers in Evolutionary Neuroscience* 3, no. 8 (February 2012); Tiffany Szu-Ting Fu et al., "Confidence Judgment in Depression and Dysphoria: The Depressive Realism vs. Negativity Hypothesis," *Journal of Behavior Theory and Experimental Psychiatry* 43, no. 2 (June 2012): 699–704; Connie M. Strong et al., "Temperament-Creativity Relationships in Mood Disorder Patients, Healthy Controls and Highly Creative Individuals," *Journal of Affective Disorders* 100, nos. 1–3 (June 2007): 41–48; Jane Collingwood, "The Link Between Bipolar Disorder and Creativity," *Psych Central* (2016), accessed March 28, 2018.

196 高於一般的智商和創造力：Eric C. Tully et al., "Quadratic Notes Associations Between Empathy and Depression as Moderated by Emotion Dysregulation," *Journal of Psychology* 150, no. 1 (2016): 15–35.

196 長達十年的研究：Nancy C. Andreasen, "The Relationship Between Creativity

Visual Functioning in Autism: An ALE Meta-analysis," *Human Brain Mapping* 33, no. 7 (July 2012): 1553–81; Simon Baron-Cohen et al., "Talent in Autism: Hyper-Systemizing, Hyper-Attention to Detail and Sensory Hypersensitivity," *Philosophical Transactions of the Royal Society* B 364, no. 1522 (May 2009): 1377–83; Francesca Happe and Pedro Vital, "What Aspects of Autism Predispose to Talent?" *Philosophical Transactions of the Royal Society* B 364, no. 1522 (May 2009): 1369–75; Mary Ann Winter-Messiers, "From Tarantulas to Toilet Brushes: Understanding the Special Interests of Youth with Asperger Syndrome," *Remedial and Special Education* 28, no. 3 (May– June 2007): 140–52.

193 SAP近期的一項個案研究發現：Robert D. Austin and Gary P. Pisano, "Neurodiversity as a Competitive Advantage," *Harvard Business Review* 95, no. 3 (May– June 2017): 96–103.

194 負責處理各種視覺與空間任務的右半腦比較大：S. E. Shaywitz, et al., "Functional Disruption in the organization of the Brian for Reading in Dyslexia," *Proceedings of the National Academy of Sciences* 95 (1998): 2636–41; Sara G. Tarver, Patricia S. Ellsworth, and David J. Rounds, "Figural and Verbal Creativity in Learning Disabled and Nondisabled Children,"*Learning Disability Quarterly* 3 (Summer, 1980): 11–18; Catya von Karolyi et al., "Dyslexia Linked to Talent: Global Visual-Spatial Ability," *Brain and Language* 85 (2003): 430; Gadi Geiger et al., "Wide and Difuse Perceptual Modes Characterize Dyslexics in Vision and Audition," *Perception* 37, no. 11 (2008): 1745–64; Ulrika Wolf and Ingvar Lundberg, "The Prevalence of Dyslexia Among Art Students," *Dyslexia: An International Journal of Research and Practice* 8, no. 1 (Jan/Mar 2002): 34–42; Brent Bowers, "Study Shows Stronger Links Between Entrepreneurs and Dyslexia," *New York Times*, November 5, 2007; Julie Logan, "*Dyslexic Entrepreneurs: The Incidence, Their Coping Strategies, and Their Business Skills,*" *Dyslexia: An International Journal of Research and Practice* 15 no. 4 (November 2009): 328–48.

195 注意力差異顯然與創造力及創意有關：請見 Harry Kimball, "Hyper-focus:

whr/2001/media_centre/press_release/en; "The State of LD: Understanding the 1 in 5," National Center for Learning Disabilities, May 2, 2017, https://www.ncld.org/archives/blog/the-state-of-ld-understanding-the-1-in-5; Jon Baio, Lisa Wiggins, Deborah L. Christensen, et al., "Prevalence of Autism Spectrum Disorder Among Children Aged 8 Years—Autism and Developmental Disabilities Monitoring Network, 11 Sites, United States, 2014," *Surveillance Summaries*, April 27, 2018, 67(6), 1–23, http://dx.doi.org/10.15585/mmwr.ss6706a1.

## 第八章　正常人是你不太瞭解的那種人

183　正常人是你不太瞭解的那種人：本章標題乃改寫通常引用自阿德勒（Alfred Adler）的一句話：「唯一的正常人是你不太瞭解的那種人。」《正常人是你沒那麼瞭解的那種人》也是傑基·馬特林（Jackie Martling）一張喜劇專輯的名稱。

185　每個社會都在努力整合差異的現實，卻也失敗了：Stiker, *A History of Disability*, 192.

186　一篇很美的文章〈逃離羞恥〉：Tammy S. Thompson, "Escape from Shame," *Mouth Magazine* 43 (July 1997).

191　有越來越多的跨領域研究者：Thomas Armstrong, PhD, *Neurodiversity: Discovering the Extraordinary Gifts of Autism, ADHD, Dyslexia, and Other Brain Diferences* (Cambridge, MA: Da Capo Press, 2010); Gail Saltz, MD, *The Power of Different: The Link Between Disorder and Genius* (New York: Flatiron Books, 2017); Steve Silberman, *NeuroTribes: The Legacy of Autism and the Future of Neurodiversity* (New York: Avery, 2015).

192　研究終於追上了吉姆：欲概觀關於自閉症與才華的研究，請見 Teresa Iuculano et al., "Brain Organization Under lying Superior Mathematical Abilities in Children with Autism," *Biological Psychiatry* 75, no. 3 (February 2014): 223–30; Emma Ashwin et al., "Eagle-Eyed Visual Acuity: An Experimental Investigation of Enhanced Perception in Autism," *Biological Psychiatry* 65, no.1 (January 2009): 17–21; Fabienne Samson et al., "Enhanced

Conrad, *The Medicalization of Society* (Baltimore: Johns Hopkins University Press, 2007); Susan Cain, *Quiet* (New York: Crown Publishers, 2012); Allan V. Horwitz and Jerome C. Wakefield, *The Loss of Sadness* (New York: Oxford University Press, 2007); Bradley Lewis, *Moving Beyond Prozac, DSM, and the New Psychiatry: The Birth of Postpsychiatry* (Ann Arbor: University of Michigan Press, 2006); Ray Moynihan and Alan Cassels, *Selling Sickness* (New York: Nation Books, 2005).

168 紐約大學研究兒童與青少年精神健康的兒童研究中心發動一項全國性的公益宣導計畫：Joanne Kaufman, "Ransom-Note Ads About Children's Health Are Canceled," New York Times, Dec. 20, 2007, https://www.nytimes.com/2007/12/20/business/media/20child.Html/.

172 我有接近「特定的正常期望」的能力：David T. Mitchell with Sharon L. Snyder, *The Biopolitics of Disability* (Ann Arbor: The University of Michigan Press, 2015), 14, 59, 104.

178 一套適用於整個服裝產業的尺寸標準：Peter Cryle and Elizabeth Stephens, *Normality: A Critical Genealogy* (Chicago: The University of Chicago Press, 2017), 325.

179 「變異是人類（或任何）基因組在本質上不可或缺的一部分。」：Matt Ridley, *Genome: The Autobiography of a Species in 23 Chapters* (New York: HarperPerennial, 2006), 145.

179 「不能斬釘截鐵地說這個正常，這個異常」：Gail Saltz, M.D., *The Power of Different* (New York: Flatiron Books, 2017), 211.

179 世界上規模最大的失能、能力與一般功能研究：World Health organization, World Report on Disability (Geneva, Switzerland: WHO Press, 2011), http://www.who.int/disabilities/world_report/2011/report.pdf.

179 一半的人未來將出現精神健康問題：Taylor Knopf,"CDC:'Nearly 50% of U.S. Adults will Develop at Least One Mental Illness,' " CNSNews, June 13, 2013, https://www.cnsnews.com/news/article/cdc-nearly-50-us-adults-will-develop-least-one-mental-ill-ness; "Mental Disorders Affect One in Four People," World Health Report, World Health Organization, 2001, https://www.who.int/

146　金賽的兩本開創性著作：Alfred Kinsey, *Sexual Behavior in the Human Male* (Bloomington, IN: Indiana University Press, Notes 1975 [1948]); and Alfred Kinsey, *Sexual Behavior in the Human Female* (Bloomington, IN: Indiana University Press, 1997 [1953]).

149　其他許多拒絕殘障醫學模式的文本：除了文中到的書，我也推薦 Simi Linton, *Claiming Disability* (New York: New York University Press, 1998).

152　正常、能力、障礙不是一個人自身的特徵或事實：探討殘障的社會模式的書籍與文章包括 Michael Oliver, The Politics of Disablement (New York: Palgrave Macmillan, 1990); Linton, Claiming Disability; Wendell, *The Rejected Body*, Rosemarie Garland Thomson, *Extraordinary Bodies: Figuring Physical Disability in American Culture and Literature* (New York: Columbia University Press, 1997); Tom Shakespeare, *Disability Rights and Wrongs* (New York: Routledge, 2006); and Kristjana Kristiansen, Simo Vehmas, and Tom Shakespeare, ed., *Arguing About Disability* (New York: Routledge, 2009).

158　抗議、反抗、療癒就是拒絕與你有關的虛假說法：Tobin Siebers, Disability Theory (Ann Arbor: The University of Michigan Press, 2008), 19.

158　這是傅柯所稱的「交易性現實」：Michel Foucault, The Birth of Biopolitics: Lectures at the Collège de France, 1978–1979 (New York: Picador, 2004), 297.

## 第七章　新正常

163　雖然正常會改變，有可能出現新的正常，但它掌控我們的力量依然不變：Michael Warner, *The Trouble with Normal: Sex, Politics, and the Ethics of Queer Life* (Cambridge, MA: Harvard University Press, 2000); David T. Mitchell with Sharon L. Snyder, *The Biopolitics of Disability* (Ann Arbor: The University of Michigan Press, 2015); Jürgen Link, "Standard Deviation," interview with Anne Mihan and Thomas O. Haakenson, *Cabinet Magazine* 15 (Fall 2004), http:// www.cabinetmagazine.org/issues/15/mihan_haakenson.php; and Robert McRuer, Crip Theory (New York: New York University Press, 2006).

168　《精神疾病診斷與統計手冊》各個新版本：Lennard J. Davis, *The End of Normal* (Ann Arbor: The University of Michigan Press, 2013), 63; Peter

103 遺傳研究者與媒體……而可能「治癒」的腦部差異：Harrison Wein,"Mental Disorders May Share Molecular Origins," NIH Research Matters, National Institutes of Health, February 27, 2018; Aaron Rothstein, "Mental Disorder or Neurodiversity?" The New Atlantis, Number 36, Summer 2012, 99–115; Robert Gebelhoff, "What's the Difference Between Genetic Engineering and Eugenics?" *Washington Post*, February 22, 2016.

## 第五章 表現正常

108 「逃脫無可避免陷入的困境」：Judith Butler, "The Body You Want," interview by Liz Kotz, *Artforum* (November 1992), https://www.artforum.com/print/previews/199209/the-body-you-want-an-inteview-with-judith-butler-33505.

113 當你有所隱藏，你不但活在恐懼當中，也會活在羞恥裡：我對「殘障冒充」的理解是受到托賓·謝伯斯將酷兒理論應用在殘障上所得到的啟發，請見Tobin Siebers, *Disability Theory* (Ann Arbor: The University of Michigan Press, 2008), 96–119; Kenji Yoshino, *Covering: The Hidden Assault on Our Civil Rights* (New York: Random House, Inc., 2006); and Erving Gofman, *Stigma: Notes on the Management of Spoiled Identity* (New York: Simon & Schuster, 1993).

113 「感到羞恥能形成自我認同」：Eve Kosofsky Sedgwick, Touching Feeling: Afect, Pedagogy, Performativity (Durham, NC: Duke University Press, 2003), 37.

129 我夢想著上好大學的那種權力與地位所象徵的自我價值：James Baldwin, *The Fire Next Time* (New York: Vintage Books, 1962), 79.

## 第六章 正常爛透了

137 那一夜，全體轉學生在一棟新鮮人宿舍的地下室集合：這一段取自先前發表的一篇文章：Jonathan Mooney, "The Dyslexic Brain Kicks Ass," *The Brown Reader: 50 Writers Remember College Hill* (New York: Simon & Schuster, 2014).

Crimes, 41–94; Friedlander, *The Origins of Nazi Genocide*.

101 對異常者的殺戮計畫在一九四一年八月二十四日正式「終止」：Evans, *Forgotten Crimes*, 17, 68–71.

101 總計共有超過七十五萬名「異常」或「有缺陷」的人遇害：Evans, *Forgotten Crimes*, 93.

101 戰後，德國政府或法律單位並未認定殘障受害者曾遭納粹政權迫害：Evans, *Forgotten Crimes*, 158, 160; and Snyder and Mitchell, *Cultural Locations of Disability*, 125.

102 「其中至今仍在使用與診斷的至少有三十個」：Shefer, *Asperger's Children*, 18.

102 辛格曾經將用「它」來指稱一名殘障兒童：Aaron Klein, "Interview with Peter Singer," 2015 (https://soundcloud.com/atfyfe/interview-with-peter-singer); and Peter Singer, *Practical Ethics* (Cambridge, UK: Cambridge University Press, 1979).

102 墨菲則寫過一篇文章：J. G. Murphy, "Do the Retarded Have a Right to be Eaten?" *Ethics and Mental Retardation*, ed. Loretta Kopelman and John C. Moskop, vol. 15 (1984): 43–46.

102 監獄中超過三成的囚犯：Jennifer Bronson, Laura Maruschak, and Marcus Berzofsky, "Disabilities Among Prison and Jail Inmates, 2011–12," U.S. Department of Justice Special Report, December 2015, https://www.bjs.gov/content/pub/pdf/dpji1112.pdf.

102 三百七十六個與優生學相關……改為遺傳學系所：Black, *War Against the Weak*, 411–26; Anne Kerr and Tom Shakespeare, *Genetic Politics: From Eugenics to Genome* (Cheltenham, UK: New Clarion Press, 2002); Snyder and Mitchell, *Cultural Locations of Disability*, 136; Rose, *The Politics of Life Itself*.

102 奧勒岡州在一九八一年下令進行最後一次強制節育手術：Cohen, *Imbeciles*, 11.

102 巴克控告貝爾案始終沒有遭到駁回：Cohen, *Imbeciles*, 12.

102 現代遺傳學之父、諾貝爾獎得主詹姆斯・華生：Black, *War Against the Weak*, 442.

97 有將近七千人接受了絕育手術：*Black, War Against the Weak*, 254, 398.

97 薇薇安後來成為一名資優生：Cohen, *Imbeciles*, 7.

97 會是一項善意及對國家的保護之舉：Charles Henderson, "The Relation of Philanthropy to Social Order and Progress" *National Conference of Charities and Corrections: Proceedings of the Twenty-Sixth Annual Session* (Cincinnati, May, 1899), 4, cited by Curtis, 53, 55. "Propagation of the Unfit," *Institution Quarterly*, vol. 1 (May 1910), 35.

97 《斷絕美國人口缺陷種質之最佳實行辦法》的第八點：See Harry H. Laughlin, *Bulletin No. 10A: Report of the Committee to Study and to Report on the Best Practical Means of Cutting Of the Defective Germ-Plasm in the American Population* (Cold Spring Harbor, NY: Eugenics Records Office, 1914), 45–46, 55, quoted in Black, *War Against the Weak*, 60, 247.

97 在一九一七年，優生學運動有了屬於自己的電影：《黑色送子鳥》：Black, *War Against the Weak*, 257.

98 希特勒……將一本廣受歡迎的優生學書籍稱為「他的聖經」：Black, *War Against the Weak*, 259–260.

98 戈德一九三四年寄給同事的一封信：Black, *War Against the Weak*, 258, 277.

99 誠如歷史學家伊迪絲．薛弗所寫的，第三帝國是一個診斷性政權：Edith Shefer, *Asperger's Children* (New York: W. W. Norton & Com pany, 2018), 18.

99 一九三三年七月十四日，德國頒布了一項大眾強制絕育法令：Cohen, Imbeciles, 10; and Black, *War Against the Weak*, 277, 299.

99 所謂的「垃圾小孩」：Suzanne E. Evans, *Forgotten Crimes: The Holocaust and People with Disabilities* (Chicago: Ivan R. Dee, Publisher, 2004), 15–16; Shefer, *Asperger's Children*, 20; Robert Jay Lifton, *The Nazi Doctors: Medical Killing and the Psychology of Genocide* (New York: Basic Books, 2017), 51; Henry Friedlander, *The Origins of Nazi Genocide: From Euthanasia to the Final Solution* (Chapel Hill: The University of Chapel Hill Press, 1995).

100 「在孩子還活著的時候，醫生有時會抽取他們的血液和腦脊液」：Evans, *Forgotten Crimes*, 38.

100 一九三九年十月，希特勒簽署了T4計畫的命令：Evans, Forgotten

*the Feeble Mind*, 266.

91 然而，這些機構才不是烏托邦：Ella Morton, "Belchertown State School, a Horrific Home for the 'Feeble-Minded,'" *Slate*, July 7, 2015, http://www.slate.com/blogs/atlas_obscura/2014/07/07/abandoned_belchertown_state_school_for_the_feeble_minded_in_massachusetts.html; Trent, *Inventing the Feeble Mind*, 245; and Benjamin Ricci, *Crimes Against Humanity* (Lincoln, NE: iUniverse, Inc., 2004).

92 「本校的最終目標」：Trent, *Inventing the Feeble Mind*, 25, 219.

92 有一成病患在入住之後兩個月內死亡：Black, *War Against the Weak*, 257.

92 「一項絕育提案計畫的發展前景」：Harry H. Laughlin, "Calculations on the Working Out of a Proposed Program of Sterilization" *Proceedings of the First National Conference on Race Betterment* (Battle Creek, MI: Race Betterment Foundation, 1914), 478.

93 並非首度有人提出：Cohen, *Imbeciles*, 7, 86.

93 皮爾徹醫師是現代第一位採用去勢作為避孕手段的人：Black, *War Against the Weak*, 63.

94 驗光業的領導人就擬定了一項計畫：Black, *War Against the Weak*, 148.

94 從學校至手術台的一條龍作業系統於焉成形：Sharon L. Snyder and David T. Mitchell, *Cultural Locations of Disability* (Chicago: The University of Chicago Press, 2006), 95.

94 超過一千五百萬人成了可接受絕育手術的人選：Cohen, *Imbeciles*, 118, 301.

94 一首廣為流傳的優生學詩紀念它：E. Carleton MacDowell, "Charles Benedict Davenport, 1866–1944: A Study of Conflicting Influences," *Bios* 17, no. 1 (March 1946): 30; and Cohen, *Imbeciles*, 77.

95 男子巴克・史密斯：Bill McKelway, "Patient 'Assembly Line' Recalled by Sterilized Man," *Richmond Times-Dispatch*, February 24, 1980.

95 凱莉・巴克的絕育手術：Cohen, *Imbeciles*, 97.

96 凱莉・巴克絕育的合法性：Buck v. Bell, 274 U.S. 200 (1927), p. 67; quoted from: Black, *War Against the Weak*, 115.

84　「難道不能消滅不受歡迎的人，讓受歡迎的人增加嗎？」：Pearson, *The Life, Letters and Labours of Francis Galton*, 348.

84　他稱之為「優生學」：Francis Galton, *Essays in Eugenics* (London: Eugenics Education Society, 1909); and Pearson, *The Life, Letters and Labours of Francis Galton*.

85　戴文波特的血統十分優秀：Black, *War Against the Weak*, 34.

86　他的訴求是「我們需要更多原生質」：Black, *War Against the Weak*, 36.

86　戴文波特的大突破出現在一九〇二年：關於更多優生學紀錄辦公室以及戴文波特的歷史，請見：Black, *War Against the Weak*, 36–41.

88　「登記全體美國人的遺傳背景」：Black, *War Against the Weak*, 45.

88　「在全國各地湧現的人類原生質失常者」：Charles Benedict Davenport, *Heredity in Relation to Eugenics* (New York: Henry Holt and Com pany, 1911), 271; and C. B. Davenport, "Report of Committee on Eugenics," *Journal of Heredity* 6, no. 1 (January 1911): 91, 92.

88　常態曲線「水面底下的十分之一」：Black, *War Against the Weak*, 52.

88　這些有缺陷的人是誰？：Snyder and Mitchell, *Cultural Locations of Disability*, 78.

88　還有誰呢？：Black, *War Against the Weak*, 58.

88　為了找出「我們當中有缺陷的人」：Black, *War Against the Weak*, 45.

89　優秀家庭競賽：Cohen, *Imbeciles*, 61.

89　「斷絕美國人口缺陷種質之最佳實行辦法」：Harry H. Laughlin, *Bulletin No. 10B: Report of the Committee to Study and to Report on the Best Practical Means of Cutting Of the Defective Germ-Plasm in the American Population* (Cold Spring Harbor, NY: Eugenics Records Office, 1914), 145.

89　禁止「非優生」婚姻：Cohen, *Imbeciles*, 63.

90　清單上的下一項：把他們關起來：Trent, *Inventing the Feeble Mind*, 139, 140.

90　「我們可將所有的弱智者集中」：Snyder and Mitchell, *Cultural Locations of Disability*, 90.

90　一九六七年……收容了將近二十萬零三百名弱智人士：Trent, *Inventing*

*on Abusive Restraint and Seclusion in Schools* (Washington, DC: National Disability Rights Network, 2009), 14, 16, 21, 22, and 24. See also *Seclusions and Restraints: Selected Cases of Death and Abuse at Public and Private Schools and Treatment Centers*, GAO-09-719T (Washington, DC: U.S. Government Accountability Office, 2009).

76 魯德曼家族基金會的一份報告：這些統計資料大多來自魯德曼家族基金會的白皮書，可在這裡找到：http://rudermanfoundation.org/advocacy-media/white-papers/; and Doris Zames Fleischer and Frieda Zames, *The Disability Rights Movement* (Philadelphia: Temple University Press, 2011).

77 身心差異者的生活受到某種程度的監督：Bill Hughes, "What Can a Foucauldian Analysis Contribute to Disability Theory?" *Foucault and the Government of Disability*, ed. Shelley Tremain, 83.

## 第四章　強迫正常

81 但優生學的目的很簡單：Edwin Black, *War Against the Weak* (Washington, DC: Dialog Press, 2012); Edith Shefer, *Asperger's Children* (New York: W. W. Norton & Company, 2018); Adam Cohen, *Imbeciles* (New York: Penguin Press, 2016); James W. Trent, Jr., *Inventing the Feeble Mind* (Berkeley: University of California Press, 1995); Sharon L. Snyder and David T. Mitchell, *Cultural Locations of Disability* (Chicago: The University of Chicago Press, 2006); Daniel J. Kevles, *In the Name of Eugenics* (New York: Alfred A. Knopf, 1985); and American Experience, "The Eugenics Crusade: What's Wrong with Perfect?" PBS, aired October 16, 2018, https://www. pbs.org/wgbh/americanexperience/films/eugenics-crusade/.

83 史賓塞認為「所有的不完美都必須消失」：Herbert Spencer, *Social Statics* (New York: Robert Schalkenback Foundation, 1970 [1851]), 62.

83 「隨時隨地，能算就算」：Karl Pearson, *The Life, Letters and Labours of Francis Galton* (Cambridge, UK: Cambridge University Press, 2011 [1930]), 232; and Francis Galton, *Memories of My Life* (New York: Routledge, 2015 [1908]), 315.

62 社會學家暨殘疾理論家安・瓦爾德施密特：Ann Waldschmidt, "Who Is Normal? Who Is Deviant?" *Foucault and the Government of Disability*, ed. Shelley Tremain (Ann Arbor: The University of Michigan Press, 2005), 194.

62 這種類型的社會，目的是要讓我們更相像，而非更不同：David T. Mitchell with Sharon L. Snyder, *The Biopolitics of Disability* (Ann Arbor: The University of Michigan Press, 2015), 14.

62 利用統計性的抽象正常概念作為規劃原則：Susan Wendell, *The Rejected Body* (New York: Routledge, 1996), 88–91; and Tobin Siebers, *Disability Theory* (Ann Arbor: The University of Michigan Press, 2008), 85.

63 歷史學家亨利－賈克・史帝克指出：Stiker, *A History of Disability*, 121–90.

64 有身體殘障的學生若是因出現而造成：See Beattie v. Board of Ed. of Antigo, 169 Wis 231, 232, 172 N.W. 153 (1919).

64 「有超過一百萬名學生被排除在公立學校之外」："Back to School on Civil Rights: Advancing the Federal Commitment to Leave No Child Behind," National Council on Disability (January 25, 2000), 6.

64 特殊教育在過去與現在都是一個大膽的構想：James W. Trent, Jr., *Inventing the Feeble Mind* (Berkeley: University of California Press, 1995), 144–54.

64 「應該是一個篩網，那些不願意支持自己」：Florence G. Smith Fishbein, "Remarks on the Findings of the Mental Examinations of This Series of Eleven Children," *Eugenics and Social Welfare Bulletin* 15 (1913): 99.

70 各種差異都變成必須消滅的缺陷與異常：Snyder and Mitchell, *Cultural Locations of Disability*.

70 名叫邁可的男孩喜歡玩「女生」玩具：Phyllis Burke, *Gender Shock: Exploding the Myths of Male and Female* (New York: Doubleday, 1996). Paraphrased from Kathryn Pauly Morgan's essay "Gender Police" in *Foucault and the Government of Disability*, ed. Shelley Tremain, 303.

70 一名父親敘述他耳聾女兒接受的聽力治療：Robert Carver, quoted in Fiona Kumari Campbell, "Legislating Disability," Foucault and the Government of Disability, ed. Shelley Tremain, 119.

75 全美身心障礙權利網絡：*School Is Not Supposed to Hurt: Investigative Report*

53 人和「問題」交融之處可能會產生惡性循環：Ian Hacking, *The Social Construction of What?* (Cambridge, MA: Harvard University Press, 1999).

54 在中世紀，有認知與身體差異的人「自然而然地屬於世界及社會的一部分」：Henri-Jacques Stiker, *A History of Disability*, trans. William Sayers (Ann Arbor: The University of Michigan Press, 1999), 65.

59 差異變成了異常：Sharon L. Snyder and David T. Mitchell, *Cultural Locations of Disability* (Chicago: The University of Chicago Press, 2006).

56 這不是一種「客觀」的人類變異性科學：Snyder and Mitchell, *Cultural Locations of Disability*, 193.

56 人類計測的先驅是體質人類學家：Cryle and Stephens, *Normality*, 141–79.

56 保羅・布洛卡的研究：Cryle and Stephens, *Normality*, 154.

56 義大利出現一項名為「犯罪人類學」的學科：Cryle and Stephens, *Normality*, 180–84.

57 心理計量學也出現了：Cryle and Stephens, *Normality*, 212–55; Stephen J. Gould, *The Mismeasure of Man* (New York: W. W. Norton, 1996); Snyder and Mitchell, *Cultural Locations of Disability*; and James W. Trent, Jr., *Inventing the Feeble Mind* (Berkeley: University of California Press, 1995).

58 十九世紀中期至後期，現代精神醫學誕生：Michel Foucault, *Abnormal: Lectures at the Collège de France*, 1974–1975 (New York: Picador, 2003).

58 當時類別的範圍已經擴大，稱為「症候群」：Foucault, *Abnorma*l, 311.

58 「身體、智慧及道德異常的小孩」：Cryle and Stephens, *Normality*, 252.

59 「逃脫奴隸狂」：Samuel A. Cartwright, MD, "Report on the Diseases and Physical Peculiarities of the Negro Race," *New Orleans Medical and Surgical Journal*, May 1851, p. 707.

62 傅柯把進行病態化、企圖補救差異的文化系統與機構稱為「正常化社會」：Michel Foucault, *Discipline and Punish: The Birth of the Prison* (New York: Pantheon, 1977); and Michel Foucault, *The History of Sexuality, Volume 1: An Introduction* (New York: Vintage Books, 1978), 144.

62 「我們越來越能控制、管理……」：Nikolas Rose, *The Politics of Life Itself* (Prince ton: Prince ton University Press, 2007), 3.

31 所以，是誰在使用「正常」，原因何在，如何使用？：關於使用 normal 的歷史，我直接引用 Peter Cryle and Elizabeth Stephens, *Normality: A Critical Genealogy* (Chicago: The University of Chicago Press, 2017).

32 這群人研究和界定的反而是與之相反的病理狀態：Georges Canguilhem, *The Normal and the Pathological* (Brooklyn, NY: Zone Books, 1991); and Cryle and Stephens, *Normality*, chapter 1.

33 一個名為雅克伯・柏努利的瑞士數學家：Cryle and Stephens, *Normality*, 67–70.

33–36 時間快轉一百年……就算依據凱特勒自己的觀點，平均人也是不可能出現的人：Cryle and Stephens, *Normality*, 69, 101, 109, 111, 114–141; and Davis, *Enforcing Normalcy*, 26–30.

34 「如果這個平均人完整建立起來」：Adolphe Quetelet, *Sur l'homme et le développement de ses facultés on Essai de physique sociale*, 2 vols. (Paris: Bachelier, 1835), 2:266–67.

36 高爾頓在統計學理論中做出重大變革：Davis, *Enforcing Normalcy*, 33–34.

37 「社會與生物正常化」：Cryle and Stephens, *Normality*, 232.

39 這些想找出正常人的人是誰？：Cryle and Stephens, *Normality*, 262–91.

41 哈佛大學正常年輕男性大研究：Clark H. Heath, *What People Are; A Study of Normal Young Men*, The Grant Study, Department of Hygiene, Harvard University (Cambridge, MA: Harvard University Press, 1945); Cryle and Stephens, *Normality*, 309–12.

42 到了二十世紀中期，這種新的正常已然確立：Cryle and Stephens, *Normality*, 313–23.

43 甚至舉辦了尋找真人版諾瑪的比賽：Julian B. Carter, *The Heart of Whiteness* (Durham, NC: Duke University Press, 2007).

44 克萊爾與伊莉莎白說得很對：Cryle and Stephens, *Normality*, 321.

## 第三章　異常

53 我欣賞的哲學家朗恩・馬隆認為：Ron Mallon, *The Construction of Human Kinds* (Oxford, UK: Oxford University Press, 2016).

# 注釋及出處

## 第一章　不正常

09　你們在不同時候都以不同方式問了我一個問題：本書以我的兒子為訴說對象，是受了 Ta-Nehisi Coates, *Between the World and Me* (New York: Spiegel & Grau, 2015); Omar Saif Ghobash, *Letters to a Young Muslim* (New York: Picador, 2016) 以及其他許多以信函形式撰寫的「行動主義」書籍所啟發。

12　「斷定正常與否的裁判者」：Michel Foucault, *Discipline and Punish: The Birth of the Prison* (New York: Pantheon, 1977), 304.

12　法國人類學家李維史陀：Claude Lévi-Strauss, *Anthropologie structurale* (Paris: Plon, 1958; reprint, 1974), vol. 1, chap. 11, cited in Henri-Jacques Stiker, *A History of Disability*, trans. William Sayers (Ann Arbor: The University of Michigan Press, 1999), 48.

22　我在學校裡很快就成為「那種孩子」：這一段取自先前發表過的一篇文章：Jonathan Mooney, "You Are Special! Now Stop Being Different," *New York Times*, October 12, 2017.

## 第二章　正常並非一直都正常

28　「它在你耳邊輕語，說正常也是你該遵循的規範。」：Ian Hacking, *The Taming of Chance* (Cambridge, UK: Cambridge University Press, 1990), 160.

29　哈金率先指出：Hacking, *The Taming of Chance*, 162–64.

29　有一整個領域的人在研究這方面的知識：除了文中提到的三本書以外，我最常參考：Hacking, *The Taming of Chance*; Foucault, *Discipline and Punish* (New York: Pantheon, 1977)，以及 Lennard J. Davis, *Enforcing Normalcy* (New York: Verso, 1995).

30　normal 是在陳述世上的事實：Hacking, *The Taming of Chance*, 162–64.

# 不一樣又怎樣

## 你的正常才不是我的正常

Normal Sucks: How to Live, Learn, and Thrive Outside the Lines

作者　強納森・穆尼 Jonathan Mooney
譯者　吳緯疆
社長　陳蕙慧
總編輯　卜祇宇
行銷　陳雅雯、尹子麟、洪啟軒、余一霞
封面設計　井十二設計研究室
封面手寫字　Emily Chan
排版　宸遠彩藝
印刷　通南彩色印刷股份有限公司

讀書共和國出版集團社長　郭重興
發行人兼出版總監　曾大福
出版　開朗文化 / 遠足文化事業股份有限公司
發行　遠足文化事業股份有限公司
地址　231 新北市新店區民權路 108-2 號 9 樓
電話　(02) 2218-1417
傳真　(02) 2218-0727
客服專線　0800-221-029
信箱　service@bookrep.com.tw
法律顧問　華洋國際專利商標事務所 蘇文生律師

出版日期　2021 年 1 月 初版一刷
定價　新台幣 350 元



**國家圖書館出版品預行編目**

不一樣又怎樣 / 強納森 . 穆尼 (Jonathan Mooney) 著 ; 吳緯疆譯 . -- 初版 . -- 新北市 : 開朗文化出版 : 遠足文化事業股份有限公司發行 , 2021.01
240 面 ; 14.8 X 21 公分
譯自 : Normal sucks : how to live, learn, and thrive outside the lines
ISBN 978-986-99734-0-3( 平裝 )

1. 穆尼 (Mooney, Jonathan.)　2. 自我肯定　3. 自我實現

177.2　　109017620